JN087664

地域生活を支える社会福祉と法

地域生活を支える社会福祉と法（'24）

装丁デザイン：牧野剛士
本文デザイン：畑中　猛

s-60

まえがき

本教材は，人々の生活を保障するための重要な制度のひとつである社会福祉と法がどのような関係にあるのかを検討することを主題としている。すなわち，社会福祉の利用者がどのような権利を有し，それら権利がどのように保障されているのかということに加えて，行政機関，福祉サービス事業者，専門職などの社会福祉に関わる主体や地域住民，民間機関が，利用者の権利を保障するためにどのような役割や責任・義務を負っているのかについても論じている。

2000 年の介護保険法施行・社会福祉基礎構造改革を契機として，社会福祉の利用者が，住み慣れた地域において自立した生活を送ることが基本理念とされたことに伴い，虐待，差別的取扱い，社会的孤立など，利用者が地域生活を送る際に直面する様々な困難を解決する必要性が生じている。それゆえ，本教材では，社会福祉と法に関わる具体的な事例を題材としながら，人々が地域生活をいかにして送っていくか，その際，社会福祉法制はどのような役割を果たすか，さらに，人権に対する解釈を深めながら，地域の特性や資源を考慮した公正性をどのように担保するかについて検討する。

本教材の構成は，次の通りである。まず，第 1 章から第 5 章までは，いわゆる総論部分であり，社会福祉と法との関係について考察するための基礎となる理論について取り扱う。具体的には，社会福祉の法政策の展開と体系的整備理念と法規範，行政の権限と責任，契約に伴う民事責任について論じる。

次いで，第 6 章から第 11 章までは，いわゆる各論部分を構成し，貧困，児童，障害，高齢といった，支援の対象となるニーズごとに，社会福祉と法との関係について論じる。テーマとしては，公的扶助，児童虐待，子ども・子育て支援，障害者差別，障害者雇用，介護保険と多岐にわたるが，テーマごとにサービスの利用者と提供者との法的関係について論じることを通じて，サービスの利用者が地域生活を送るための支援の在り方について考えていく。

第12章から第15章までは，応用編とまとめである。第12章では，人々が地域生活を送るための支援について論じ，第13章では，犯罪をした者が社会復帰するための支援について論じる。第14章では，社会福祉における紛争解決手段について論じ，第15章では，地域共生社会と社会福祉法制の課題について論じる。

ここで，本教材で用いる言葉についてあらかじめお断りしておくことがある。

「社会福祉」という言葉について，2000年以降，多数の関連立法が登場していることから，かつての「福祉六法」と称された領域ではなく，より広い範囲の制度・政策を視野に入れながら論じている。

また,「法」に関わるものには，法律や条例などの法規制を定立する立法作用，具体的な争訟に対して法規を適用して解決する司法作用，政府・地方自治体が法にもとづいてその政策を実行する行政作用を含む。本教材では，それらの法作用内部の完結的な規範的内容や根拠を明らかにするというよりも，社会福祉の実践と密接な関連を有する論点を深く掘り下げながら，法と現実の緊張関係を議論していきたい。

本教材は,「総合科目」として位置づけられている。それゆえ，タイトルの通り，社会福祉学と法学をまたぐものであり，多少難しく感じられるかもしれない。ただ，この科目は，放送大学において，福祉領域の専門科目をほぼ修得した学生や，法律・政治学関連の専門科目をほぼ修得した学生が，複眼的な視点から応用編として，福祉と法の接点に位置する問題を，具体的な事件や事例を素材としながら学ぶことを目標としている。本教材は，社会福祉の利用者や従事者ばかりでなく，医療職，法律職などの関連職種，一般市民にも大いに役立つものとなるだろう。本書で学習した読者が，個別の法律の枠組みにとらわれる解釈論的な思考から抜け出し，また人々の善意をよりどころとする古典的な社会福祉の概念から脱し，20 世紀の制度・政策を乗り越えながら，新しい概念や制度が生まれつつあることを学習し，また新しい学問が胎動しつつあることを感じていただければ幸いである。

最後に，本教材の脱稿直前の 2023 年 2 月 17 日，放送大学特任教授の大曽根寛先生がご逝去された。大曽根先生からは，本教材の作成に当たり，感謝してもしきれないほど，多くの貴重なご助言やご提案をいただいた。本教材を大曽根先生にお届けできなかったことは極めて残念ではあるが，少しでも大曽根先生からの御恩に報いるものであることを心から願いつつ，本教材を捧げる。

2024 年 2 月
平部康子
木村茂喜

目次

まえがき　平部康子　木村茂喜　3

1 社会福祉の法政策の展開と法体系

平部康子　10

1. 戦後社会福祉制度の確立（1946 年～1950 年代）　10
2. 社会福祉制度の拡充期（1960 年代～1970 年代前半）　13
3. 財政再建・行政改革に伴う社会福祉制度の見直し（1970 年代後半～1990 年代前半）　15
4. 社会福祉基礎構造改革（1990 年代後半～2000 年代初頭）　17
5. 福祉法領域の拡大と社会的保護（2000 年代以降）　20
6. まとめ　21

2 社会福祉の理念と法規範

木村茂喜　23

1. 憲法の人権規定と社会福祉　24
2. 社会福祉法制の基本理念　28
3. 国際条約と社会福祉　34
4. まとめ　37

3 サービス提供の安定と行政の役割

木村茂喜　40

1. サービス提供の仕組み　41
2. 行政計画としての福祉計画　46
3. サービスの監督　50
4. サービスの助成　51
5. まとめ　52

4 利用者ニーズ・自己決定とサービス提供手続の相克 | 廣田久美子 56

1. 社会福祉の利用者ニーズとサービス提供手続 57
2. 介護サービス支給量の決定の仕組み 59
3. 支給量決定における行政裁量 63
4. まとめ 66

5 サービス提供と民事責任 | 脇野幸太郎 71

1. 福祉サービス利用と契約 72
2. 「共助の拡大」と当事者間の法律関係・民事責任 81

6 現代の貧困と公的扶助 | 廣田久美子 89

1. 生活保護と自動車の保有 90
2. 生活保護制度の現状 91
3. 生活保護法に基づく生活保護制度 92
4. 事例における裁判所の判断 98
5. 生活困窮者自立支援法の機能と課題 99
6. まとめ 102

7 子どもの権利と児童虐待防止法 | 平部康子 104

1. 児童虐待に対する法の役割 105
2. 虐待の予防と児童の保護 111
3. 児童虐待法制の法的課題 117
4. まとめ 119

8 子ども・子育て支援制度と待機児童問題

| 平部康子 122

1. 子育てに関する責任の担われ方 123
2. 子ども・子育て支援制度 126
3. 子ども・子育て支援法下の地方自治体の役割の変化 130
4. 子ども・子育て支援制度の法的課題 134
5. まとめ 136

9 障害概念の変容と障害者に関する法の課題

| 廣田久美子 138

1. 障害の概念の変容 139
2. 障害者差別解消法の視点から 145
3. まとめ 150

10 障害者雇用と就労支援 | 廣田久美子 152

1. 障害者雇用の現状 153
2. 障害者の雇用・就労と障害者権利条約 156
3. 障害者の就労支援をめぐる法律関係 157
4. 障害者の就労をめぐる法的課題 162
5. まとめ 165

11 介護保険制度の展開と課題 | 脇野幸太郎 167

1. 介護保険制度創設の背景と目的 169
2. 介護保険制度の概要 172
3. 介護保険の機能の「拡大」と今後 178

12 地域社会の変容と地域生活支援

| 脇野幸太郎 185

1. 地域生活支援の取り組み 187
2. 成年後見制度 191
3. 住宅確保・居住支援 197

13 刑事司法と社会福祉 | 木村茂喜 204

1. 犯罪をした者に対する支援の必要性 205
2. 犯罪をした者等の現状 206
3. 犯罪をした者に対する社会復帰支援 211
4. 事例の検討 216
5. 犯罪をした者への支援をめぐる法的課題 216
6. まとめ 218

14 社会福祉における紛争解決 | 木村茂喜 222

1. 行政と利用者との間の紛争解決 223
2. 施設・事業者と利用者との間の紛争解決 229
3. 福祉サービスに係る紛争解決の課題 235
4. まとめ 236

15 社会福祉法の展望 | 木村茂喜 239

1. 社会福祉法制における「地域」の位置づけの変遷 239
2. 社会福祉基礎構造改革と「地域」の活用 242
3. 地域共生社会の法的課題 247
4. まとめ 251

索引 253

1　社会福祉の法政策の展開と法体系

平部康子

《本章のねらい》 社会福祉法制のこれまでの展開を踏まえ，法領域の拡大や目的の変容を学ぶ。
《キーワード》 福祉法体制，福祉六法体制，福祉八法体制，社会福祉基礎構造改革

1．戦後社会福祉制度の確立（1946年～1950年代）

（1）日本国憲法と生存権規定

社会福祉法政策の展開をみると，第二次世界大戦前と戦後では法制の性質，内容に大きな違いがある。戦前の社会福祉制度は，本人・家族・隣人による私的救済を基本としつつ，公や民間の篤志家等による恩恵的な救済事業を活用したものであった。第二次世界大戦後，国民主権，平和主義，基本的人権の尊重を基本とする日本国憲法が1946年に公布されると（1947年施行），この憲法の人権保障の中に，20世紀的基本権として生存権，教育を受ける権利，労働基本権が盛り込まれた。生存権は憲法25条1項で「すべて国民は，健康で文化的な最低限度の生活を営む権利を有する」と定められ，これを受けて「国は，すべての生活部面について，社会福祉，社会保障及び公衆衛生の向上及び増進に努めなければならない」（25条2項）と国の責務が定められた。憲法こそが，社会福祉や生活の保障は恩恵的なものとされてきた明治以来の我が国の社会立法に，画期的な転換を与えたものであった。

表 1-1　社会福祉に関する法律の変遷

時代区分	社会福祉の法律
戦後社会福祉制度の確立期	1946　（旧）生活保護法 　　　日本国憲法公布 1947　児童福祉法 1949　身体障害者福祉法 1950　（新）生活保護法 1951　社会福祉事業法
社会福祉制度の拡充期	1960　精神薄弱者福祉法 1961　児童扶養手当法 1963　老人福祉法 1964　母子福祉法 1970　心身障害者対策基本法 1971　児童手当法 1973　老人福祉法改正（老人医療費無料化）
財政再建・行政改革に伴う社会福祉制度の見直し期	1982　老人保健法 1987　社会福祉士及び介護福祉士法 1988　障害者雇用促進法 1990　福祉八法改正 1995　精神保健福祉法（精神保健法改正）
社会福祉基礎構造改革期	1997　介護保険法（2000年施行） 　　　児童福祉法改正（保育所入所申込制度） 　　　精神保健福祉士法 1999　民法改正（成年後見制度） 2000　社会福祉法（社会福祉事業法改正） 　　　児童虐待防止法
福祉法領域の拡大期	2001　配偶者からの暴力の防止及び被害者の保護に関する法律 2002　ホームレスの自立の支援等に関する当別措置法 2003　次世代育成支援対策推進法 　　　少子化社会対策基本法 2005　障害者自立促進法 　　　高齢者虐待防止法 2011　障害者虐待防止法 2012　障害者総合支援法 　　　子ども・子育て支援法 2013　生活困窮者自立支援法 　　　障害者差別解消法 2022　こども基本法

（2）救貧対策としての福祉三法体制

戦後直後からサンフランシスコ講和会議で平和条約が結ばれる1952年までは，わが国は連合国の占領下にあり，GHQの指導の下で社会福祉制度が再構築されることになる。

終戦直後の日本の状況を見ると，わが国の受けた損害は甚大であり，わが国の経済や社会は壊滅的な状態になっていた。例えば，数戦直後の国民所得は10年前の半分になり，戦災による建物の被害も大きく約900万人が焼き出され家を失ったといわれている。また，父母のいない孤児は12万4000人と推計された。加えて，復員，戦地，外地からの引揚者は約700万人にのぼり，戦後直後の大凶作もあり，失業，インフレ，食糧危機に直面した[注1)]。このような状況下で，緊急に求められたのが，引揚者・孤児・失業者を中心とする生活困窮者に対する緊急施策であった。このため，1946年に引揚者等の貧困者対策として（旧）生活保護法，続いて1947年に戦災孤児や浮浪児対策として児童福祉法，戦争による傷痍者対策として身体障害者福祉法が制定された。

旧生活保護法は日本国憲法の施行前に制定されたものであったが，先進国の公的扶助の制度を参考に，戦前の救護法等を廃止して設けたものであった。しかし，旧生活保護法は，救護法に見られた道徳的要件が残るほか不服申立てや裁判による救済の定めがなく，保護の受給権が明確でない等，生存権保障として十分でない側面があり，日本国憲法の公布後にその改正が必要となった。このため，1950年に（現）生活保護法が制定された。さらに，憲法89条の公私分離原則を踏まえつつ，社会福祉事業の全分野における共通的・基本事項を定めた社会福祉事業法が定められた。

児童福祉法，身体障害者福祉法，生活保護法は「福祉三法」と呼ばれ，戦後直後の緊急対策時の法枠組みを形づくった。その特徴として，①国の定める基準にもとづき地方自治体が機関委任事務として執行する形式をとること，②各法が定める「措置」は行政裁量で決定するものであり，裁判で争って請求を求めることはできない性質のものとしていること，③措置に要する費用は，利用者の応能負担を前提にしつつ，主に公費負担としていること，が挙げられる[注2)]。

本来社会福祉の範疇としては，福祉三法の対象者以外にも高齢者や知的障害者などがいるはずだが，この時期はこうした者にあわせた独自の福祉法はなく，基本的には生活保護法に収斂させていた。例えば，高齢者への生活支援は，生活保護法の中で養老事業として位置づけられ，「養老院」が設けられていた。

以上をまとめると，福祉三法体制において社会福祉法制は，直面する窮乏状況に向けて，国が行う救貧的な内容となっていたということができるだろう。

2．社会福祉制度の拡充期（1960年代～1970年代前半）

（1）高度成長期の社会保障

1950年代になると朝鮮戦争特需により日本経済は急速に復興し，50年代半ばには本格的な経済成長過程に入り20年間に年平均9.2%の経済成長率を達成し，国民の生活も向上した。一方で，都市部への人口移動，核家族化などによって旧来型の家族間扶養が機能しない状況が明らかになってきた。これに対応するため，政府は国民の福祉の増進を重要な目的とする「福祉国家」を目標に掲げ，「国民皆保険・皆年金」の体制をつくった。社会福祉制度の展開に先だち，すべての国民はなんらかの医療保険及び年金制度に加入することを義務づけられ，被保険者が自ら保険料を支払うことで疾病や老齢等の不安に備える，社会保険中心型の社会保障制度が確立した。

（2）福祉三法から福祉六法体制へ

高度経済成長下では，稼働世帯は所得が増え生活も向上したが，一方でその恩恵から取り残される人々も生み出された。国の社会保障制度政策決定のために審議・勧告を行う社会保障制度審議会はこのような低所得階層への対策の強化を指摘し，その施策の主軸に社会福祉を位置づけた。その結果，まず1960年に精神薄弱者福祉法（現在は知的障害者福祉法），1963年に老人福祉法，1964年に母子福祉法が制定された。これらの法律が成立する枠組みは福祉六法体制と呼ばれ，生活保護法に収斂（しゅうれん）されていた部分が独立した福祉法領域として定められ，それぞれの特性を活かして展開・執行されるようになる。この結果，都道府県や市が設置する福祉事務所（任意で町村も設置できるとされているが数としてはごく少数）は，これらの福祉六法にもとづく業務を中心に担当することになった。

福祉六法体制においては対象が拡大しただけでなく，質的な変化も生じた。例えば，この時期，児童福祉の分野では，女性の社会進出を背景に保育所の大幅な整備が進められ，児童福祉法が明記していたように，要保護児童に限定されない「全ての児童」への福祉が現実的に行われるようになった。老人福祉の分野では，老人福祉法の制定によって，生活保護法上の施設から分離して養護老人ホームおよび特別養護老人ホームが設けられたほか[注3)]，1973年には老人福祉法の改正によって，高齢者の医療受給を容易にするために，70歳以上の高齢者の医療保険の自己負担分を肩代わりする，いわゆる老人医療費の無料化が定められたりした。

この時期に，生活保護法に収斂（しゅうれん）されていた部分が独立した福祉法領域として定められ，その特性に応じて展開されるようになる。つまり，対象者別の社会福祉法という体系ができあがったといえるだろう。

3. 財政再建・行政改革に伴う社会福祉制度の見直し （1970 年代後半～1990 年代前半）

（1）福祉国家の見直し

厚生労働省の「社会保障長期計画」が発表され「福祉元年」というスローガンのもとに年金や医療の拡充が図られた 1973 年の秋に，産油国が原油価格を 4 倍に値上げするオイル・ショックが勃発した。日本の経済成長は戦後初めて実質マイナスを記録し，税収は減少し，財政赤字が起こった。

こうした経済情勢を反映して，1980 年代になると「財政再建」が課題になる。政府に設置された臨時行政調査会の答申を受けて，社会保障制度についても給付内容や給付水準の見直しが進められることになった。一方で，社会情勢としては人口高齢化，核家族化，女性の社会進出が進み，もともと所得保障や医療保障から出遅れていた福祉サービスの要求は高まる中での改革となったのである。

（2）国庫負担増加の抑制—老人保健制度

老人福祉法改正で導入された老人医療費の無料化は，濫診濫療や社会的入院，その結果としての医療費全体の急増を招き，国だけでなく，市町村財政にも負担となった。この問題に対応するために 1982 年に定められたのが老人保健法である。新たに設けられた老人保健制度では，老人医療費に対して患者本人の一部負担が課せられた上で，市町村が給付する医療費の費用を公費とすべての医療保険からの拠出金で賄うこととした。また，社会的入院を解消するために，医療から在宅ケアへ橋渡しをする中間施設として，老人保健施設が創設された。

(3) 福祉八法改正と第一次地方分権改革

福祉サービスの多くは，国の機関委任事務として，都道府県知事や市町村による措置によって施設入所等が決定され，費用の 8 割を国が負担していた。この費用負担割合について国から見直しが求められ，地方の財政負担を段階的に引き上げつつ，地方の権限を拡大し分権を推進することを定めた法律が 1986 年に成立した。「地方公共団体の執行機関が国の機関として行う事務の整理及び合理化に関する法律」では，機関委任事務として行われてきた福祉施設入所事務等を団体委任事務にすることが定められた。

さらに，「老人福祉法等の一部を改正する法律」では，住民に最も身近な地方自治体である市町村に福祉サービスの実施権限を統一することで，施設サービスと在宅サービス両面での地域福祉を総合的・計画的に推進できるようにした。この法律の対象は，社会福祉事業法，老人福祉法，身体障害者福祉法，児童福祉法，知的障害者福祉法，母子及び寡婦福祉法，老人保健法，社会福祉・医療事業団法の 8 つであったため，福祉八法改正と呼ばれている。

1990 年代半ばになると，国と地方自治体との関係を「上下・主従の関係から対等・協力の関係」にすることを目指し，地方分権改革（第一次地方分権改革）が進められた。1999 年に成立した地方分権一括法により，機関委任事務は全て廃止になり，地方自治体の事務は自治事務になり，限定的に残る全国的な基準で行われる事務は法定受託事務とされた。社会福祉分野でいえば，ほとんどのものが自治事務となり，生活保護の決定・実施だけはナショナルミニマムを確保し，全国一律に公平・平等に実施する必要があるため国が財源の 4 分の 3 を負担しながら，法定受託事務として残された。

前の「社会福祉制度の拡充期」に比べると，この時期は法体系として大きな変化はない。財政や組織に関する法的側面に調整及び整理が行われた。それは，社会福祉の対象が，低所得者から一般国民に広がったことと連動しているといえるだろう。

4．社会福祉基礎構造改革（1990 年代後半〜2000 年代初頭）

（1）少子高齢化社会への対応と福祉 3 プラン

1994 年に（旧）厚生省は「21 世紀福祉ビジョン―少子・高齢化社会に向けて」という報告書を発表した。我が国の人口は，1970 年に高齢化率が 7% を超えて国連の定義に該当する高齢化社会に入っていたが，1994 年にはその 2 倍の 14% を超え上昇しつづけている上，合計特殊出生率も 1990 年には 1.57 ショックを経験し一層の少子化の進行を予測せざるをえなくなった。このような状況を踏まえて，報告書では，社会保障費の内訳を年金 5，医療 4，福祉 1 の比率から，将来的には高齢者介護，雇用，子育て等の需要に対応した対策の充実をめざし，年金 5，医療 3，福祉 2 を目指すべきだと提言した。

また，個人の自律を基盤とし，国民連帯でこれを支えるためには，地域社会が持つ福祉機能を拡充，強化していくことが重要であるとし，自助・共助・公助の重層的な地域福祉システムの構築も提言している。

このような仕組みにおいては，市町村の役割はキーになるため，政府はサービス基盤の整備を地方自治体が中心となって計画的に推進することを目的として，高齢者保健福祉分野に「高齢者保健福祉推進 10 カ年戦略（ゴールドプラン）」，児童福祉分野に「今後の子育て支援のための施策の基本的方向について（エンゼルプラン）」，障害者福祉分野に「障害者プラン・ノーマライゼーション 7 カ年戦略（「障害者プラン」）を策定した。この 3 つのプランは，高齢者福祉分野における在宅・施設サービスの量的拡大，保育所の整備，障害者福祉サービスの量的拡充につながり，いずれも計画期間の終了後には新プランが作成されている。

(2) 措置から介護保険へ

各種の福祉サービスの中でも高齢者に対する介護サービスの見直しが喫緊の課題とされたのは，増大を続ける医療保険制度の財政問題，特に老人保健制度の批判が高まっていたからである。

他方で，介護サービスの目的や機能の見地から現行制度を批判し，介護保険にその改革を期待する動きもあった。従来の老人福祉法による介護サービスは，市町村の措置として行われてきたが，その措置内容が介護ニーズに適したものでなくても，要介護の高齢者や家族は，措置として決められたものをそのまま受けるほかないのが実態であった。老人福祉法では，在宅サービスは多くの場合，実施機関に明確な履行義務が課せられておらず「することができる」と規定され，特別養護老人ホーム等の入所施設の場合，実施機関の措置は「しなければならない」というように義務として定められているものの，利用者側には裁判で争える請求権はないというのが行政の解釈であった。このような福祉サービスの受給権の不明確さは，社会保障の他の分野には見られない現象であり，社会福祉法制に特有の欠陥というべきものであった。

潜在的な要介護者が医療受給に流れていかないためには，介護サービスを医療サービス並みに利用しやすい，利用者本位の仕組みに変える必要がある。このため，新しい制度では，社会保険という仕組みを用いて給付を受け，利用者はサービス提供者との間の契約に基づきサービスを利用することとなった。また,「自立」という語句が法律上に表れる。ここでいう「自立」は，生活保護法でいわれてきた自立とは異なる文脈で，福祉サービスを利用しながら地域で自分らしい生活を営むことを意味する。さらに，措置制度の場合は，サービス提供機関が，行政機関や社会福祉法人に限定されていたが，介護保険ではこれら以外の多様な事業主体の参入が可能にない，サービスの量的拡大や競争を通じたサービスの質の向上を促すことになった。

(3) 社会福祉基礎構造改革

介護保険法の制定過程では，福祉サービスの受給権，サービスの基盤整備，質の確保等が検討されたが，その延長線上に，社会福祉基礎構造改革が進められることになる。厚生省の中央社会福祉審議会は1998年に「社会福祉基礎構造改革について（中間まとめ）」を発表した。この中で，福祉六法と社会福祉事業法という社会福祉法制の基本的な枠組みは，戦後から1960年代にかけて構築されてきてから，ほとんど変化がなく90年代まで続いてきたものの，少子・高齢化，家庭機能の変化，障害者の社会参加の進展によって，「限られた者の保護・救済にとどまらず，国民全体を対象として，その生活の安定を支える」役割が求められるようになっていることを指摘している。そして，利用者とサービス提供者の対等な関係を前提とした仕組みづくり，福祉サービスの質の向上や社会福祉事業の充実・活性化，社会福祉法人のあり方の検討など，今後増大・多様化が見込まれる国民の福祉ニーズに応えるためには，制定以来ほとんど大きな改正が行われてこなかった社会福祉事業法をはじめ，社会福祉法制度全般の見直しを求めた。

そこで，社会福祉基礎構造改革として，2000年6月，社会福祉事業法や身体障害者福祉法など，8つの法律の改正が行われた。障害者福祉分野については，従来の措置制度から，税を財源としつつも利用者と事業者の契約によってサービスが行われる障害者支援費制度に移行した。この制度は，2005年に介護保険に類似の障害認定区分と定率の自己負担を導入した障害者自立支援制度に変更された。しかし，特に生きるためのケアや職業的自立のための訓練に対して定率の「応益負担」を求めることについて批判が相次ぎ，2010 年には大幅改正を経て障害者総合支援法となった。

児童福祉分野については，1997 年に，自分の希望する保育所を申し出ることができる利用制度が導入された。

5. 福祉法領域の拡大と社会的保護（2000 年代以降）

社会福祉基礎構造改革によって，利用者は契約あるいは選択する主体に位置づけられた。しかし，全ての利用者が適切な判断をして契約を結ぶ能力があるわけではない。介護保険制定の際には，このような人々のために 2 つの対応がとられた。1 つは，民法上の行為能力を制限される者の定めが，禁治産者制度から成年後見制度へ抜本的に改正されたことである。もう 1 つは，老人福祉法の中に従前の措置制度を残し，行政が職権で保護する道を残した。

このように，地域で自立した生活を目指すとき，特に立場の弱い人々には，その人が本来有すべき権利を奪われないようにするための仕組みが必要となる。社会福祉法制において，様々な権利擁護が 2000 年代から定められている。

まず，地域福祉権利擁護事業が社会福祉基礎構造改革の流れで社会福祉法上に設けられた。また，虐待に対して，児童虐待防止法（2000 年），DV 防止法（2001 年），高齢者虐待防止法（2005 年），障害者虐待防止法（2012 年）が制定された。

さらに，障害者権利条約の理念を受けて，障害者基本法における差別禁止，障害者差別解消法の制定などが行われた。子どもに関しては 2023 年にこども基本法が制定され，子どもに関わる様々な個別の法律を超えて，子どもを権利の主体として位置づけ，そのための施策を推進させる総合的な定めを置くこととなった。近年では，権利擁護法制，虐待防止法制，差別禁止法則という新しい立法が登場している。サービスを提供することを中心とした社会福祉とは異なる局面であり，このような支援を包括して社会的保護（Social Protection）と呼んでいる。今日，社会福祉法制は人的対象を拡大するとともに，ツールとしての社会的保護という形まで外延を広げているといえるだろう。

6. まとめ

社会福祉の法は，生活上の支援が必要な人々に対して，国や地方自治体等の責務や，福祉サービスの内容や利用手続き，提供体制，在園や費用負担を定めている。

福祉三法体制から福祉六法体制への移行で見られるように，社会福祉法制の対象者は限られた貧困者から福祉のニーズを持つ人に広がっている。ただし，法の建付けとしては，人のカテゴリーを設けて給付をするという仕組みであった。

社会福祉基礎構造改革を経て，福祉サービスは利用者にとってより普遍的なものとして，受給権を明確にしながら，利用者が選択する仕組みで給付される仕組みに移行している。しかし，契約という手法を用いるためには，権利擁護の仕組みを定め，実質的に機能させることが不可欠である。

社会福祉基礎構造改革以降，利用者という語が用いられ始めたように，福祉の受給者は一方的に守られる存在ではない。人々が地域で主体的に生活するためには，社会福祉法制が社会的保護まで領域を拡大することが不可避となっている。

〉〉注記

注１）駒村康平ほか『社会政策』有斐閣　23-30 頁　2020 年。

注２）河野正輝『社会福祉法の新展開』有斐閣　28 頁　2006 年。

注３）ただし，養護老人ホームは生活保護法からの流れを引き継ぎ，法規上も低所得者を対象としていたほか，法規上は所得の要件を設けていない特別養護老人ホームも，施設の収容能力がはなはだしく貧弱なため，結果的には低所得者層の入所が中心となっていた。

参考文献

・日本社会保障法学会編『講座社会保障法３巻　社会福祉サービス法』法律文化社　2001 年

・河野正輝『社会福祉法の新展開』有斐閣　2006 年

・増田雅暢「社会福祉法制の展開」河野正輝ほか編『社会福祉法入門』有斐閣　2019 年

学習の課題

1. 福祉三法体制から福祉六法体制に変わったとき，どのような違いがあったかまとめてみよう。
2. 高度経済成長後の福祉の見直し期から社会福祉基礎構造改革にわたって，社会福祉の法制度上，地方自治体の役割はどのように変わっただろうか。考察してみよう。

2 社会福祉の理念と法規範

木村茂喜

《**本章のねらい**》 わが国の社会福祉法制の基本理念は，憲法の人権規定のほか，国際条約からも影響を受けている。ここでは，憲法の人権規定の理念や国際条約の理念が，わが国の社会福祉法制にどのように組み込まれているかについて学ぶ。

《**キーワード**》 憲法，基本理念，条約

事例

障害のある者に対する福祉サービスの提供形態は，従来「措置制度」によって行われてきたが，1990年代後半から2000年代初めにかけて実施されたいわゆる「社会福祉基礎構造改革」により，契約に基づいて，障害のある者がサービス提供事業者・施設から福祉サービスを購入し，その購入費用を国と地方自治体が支援する「支援費制度」に改められた。

さらに2005年に制定され2006年4月1日より施行された「障害者自立支援法」においては，国と地方自治体が介護給付費などの費用を支給するが，かかる費用のうち1割は障害のある者本人の自己負担とする，いわゆる「応益負担」を導入した。自己負担の上限額は所得に応じて4段階に分けられていたが，市民税非課税の者でも月額24,600円，それ以上の所得のある者は月額37,200円となった。その結果，障害者福祉制度を利用する者は，その頻度や量が多いほど自己負担額が多額になることから負担に耐えられず，結果として提供される介護支援や事業所への通所回数を減らしたり，さらには事業所や作業所を退所することとなった。

これに対して，71名の原告は，2008年から2009年にかけて，応益負担制度は憲法13条，14条，25条等に反し，違憲無効であるとして，国と市区町村を被告として全国14の地方裁判所に裁判を起こした。

折しも，障害者自立支援法廃止をマニフェストに掲げていた民主党政権

が2009年に発足したことで，国は原告の弁護団に対して協議の申し入れを行った。協議の結果，2010年1月7日に訴訟原告団・弁護団と国（厚生労働省）との間で，「速やかに応益負担（定率負担）制度を廃止し，遅くとも平成25年8月までに，障害者自立支援法を廃止し新たな総合的な福祉法制を実施する」，「障害者制度改革については，障害者の参画の下で十分な議論を行う」などを内容とする「基本合意」が取り交わされたことで和解が成立し，訴訟は終結した。

事例のポイント

障害者自立支援法の制定に伴って，応益負担が導入されたことで従来のサービスを受けられなくなった障害のある原告が，障害者自立支援法は憲法違反であるとして，国に対して訴訟を提起した。障害のある者のサービスを受ける権利は，憲法および国際条約においてどのように保障されるのだろうか。

1. 憲法の人権規定と社会福祉

社会福祉は，憲法25条で定める生存権を具体的に保障する制度の一つである。この生存権の権利性については，学説・判例上も伝統的に多くの議論がなされてきた。また，憲法13条の「人間の尊厳」に着目して，生存権保障を個人が自律的・主体的に自らの生を追求するための環境整備とする見解もみられる。以下では，憲法の人権規定と社会福祉との関係について概観する。

(1) 憲法25条

1) 憲法25条の法的性格

憲法25条1項は，すべての国民に健康で文化的な最低限度の生活を営む権利，すなわち生存権を保障し，同条2項では，社会福祉，社会保障及び公衆衛生の向上増進に関する国の努力義務を規定している。

この憲法25条の法的性格について，通説は，憲法25条の規定は，国民に社会保障に関する具体的権利ないし請求権を与えるものではなく，国の政治的・道徳的責務を明示したものに過ぎないとするプログラム規定説をとっていた。その後，生活保護基準の合憲性について争われ，憲法25条の裁判規範性を認めた朝日訴訟第一審判決[注1)]を受けて，憲法だけを直接の根拠として具体的な請求権を導き出すことはできないが，生存権を実現する具体的手続，方法を規定する具体的な法律の規定と合わせて，法的権利を導き出すことができるとする抽象的権利説や，国が国民の生存権を適切に保障する法律を制定しない場合，国の不作為は国民の具体的権利の侵害を構成し，国民は違憲無効確認訴訟を提起できるとする具体的権利説が主張された。

その後，朝日訴訟最高裁判決[注2)]では，憲法25条1項は「すべての国民が健康で文化的な最低限度の生活を営み得るように国政を運営すべきことを国の責務として宣言したにとどまり，直接個々の国民に対して具体的権利を賦与したものではな」く，健康で文化的な最低限度の生活は，抽象的相対的概念であり，多数の不確定的要素を総合考量してはじめて決定できるものであり，その「認定判断は，いちおう，厚生大臣の合目的的な裁量に委されて」いる。ただ，憲法・生活保護法の趣旨・目的に反し，裁量権の限界を超え，または，裁量権を濫用した場合には，違法な行為として司法審査の対象となると判示され，広範な行政裁量を認めた（第4章3参照）。また，児童扶養手当と障害年金の併給調整の合憲性について争われた堀木訴訟最高裁判決[注3)]では，「憲法25条の規定の趣旨にこたえて具体的にどのような立法措置を講ずるかの選択決定は，立法府の広い裁量にゆだねられており，それが著しく合理性を欠き明らかに裁量の逸脱・濫用と見ざるをえないような場合を除き，裁判所が審査判断するのに適しない事柄であるといわなければならない」と判示され，国会が法律をつくるに際し，広範な裁量権を認めた。

2）憲法 25 条 1 項・2 項の関係

従来の憲法学説において，25 条 1 項は生存権保障の目的ないし理念を，2 項はその目的・理念達成のための国の責務をそれぞれ定めたものとしており，25 条 1 項と 2 項は一体的なものとして解釈されている。

一方，社会保障法学説において，25 条 1 項と 2 項を別個にとらえ，1 項は「健康で文化的な最低限度の生活を営む権利」の保障に重点を置き，2 項は，1 項を前提として，さらに広い視点から国家の社会政策的施策についての責務を規定したものとしてとらえる説も主張されている。

社会保障の給付については，国の財政事情を背景とする，給付水準の引き下げなどの不利益変更が行われることがある。行政がこのような不利益変更を行う際には，正当な理由が明確に示される必要があるとする「制度後退禁止原則」が主張されている[注4)]。

また，「健康で文化的な生活」の内実を生活保護法との関連でとらえ，所得保障ニーズを念頭に置いてきた従来の判例・学説に対して，近年では，金銭だけでは充足されない介護サービス給付の保障の固有性に着目し，法制度の未整備や判断能力の不十分・欠如に対するサポートシステムの整備・充実の必要性を主張する学説も有力である[注5)]。

（2）憲法 14 条

憲法 14 条は，「法の下の平等」について定めている。一般に，給付内容，給付水準に格差があっても，それが合理的であれば許容されるが，不合理な差別となる場合は憲法 14 条違反となる。

実際の事例としては，（1）1）で取り上げた堀木訴訟のほか，1985 年改正前の国民年金法で任意加入だった学生が，国民年金の保険料を払わなかったことを理由とする障害基礎年金の不支給について，憲法14条違反を認め，国家賠償を認めた裁判例がある[注6)]。社会福祉法制に関する裁判例は見られないが，年齢・性別・職種による制度格差がある場合には，憲法14条1項との関係で問題になる余地はあると考えられる。例えば，介護保険の第2号被保険者（40歳以上65歳未満）の給付事由が，加齢に伴う要介護状態に限定されており，第1号被保険者と比べて極めて制限されていることがあげられよう[注7)]。

（3）憲法13条

人間の尊厳について定める憲法13条は，前段で「すべて国民は，個人として尊重される」と規定されている通り，「個人主義」を表明している。また後段では，包括的基本権である「幸福追求権」を国民に保障している。

幸福追求権は，「自律的な個人が人格的に生存するために不可欠と考えられる基本的な権利」であり，人格的に自律した個人が自己決定するという自由権的側面と，個人が自己決定できる環境整備という社会権的側面の双方が含まれている。

近年では，憲法13条に規範的根拠を置いたうえで，社会保障の目的を国民の生活保障に加えて「個人の自立の支援」，すなわち「個人が人格的に自立した存在として主体的に自らの生き方を追求していくことを可能にするための条件整備」にあるととらえ，いわゆる「自由」の理念が，個人主義の思想を基盤とする憲法下においては，社会保障の規範的な指導理念として位置づけられる，とする説も有力となっている[注8)]。

（4）憲法 89 条後段

憲法 89 条は，前段で宗教上の組織・団体に対して，後段で「公の支配に属しない慈善，教育及び博愛の事業」に対して，公金支出等を禁止している。

行政機関が福祉サービスの提供を社会福祉法人に委託して，サービスにかかる費用を支出することや，社会福祉法人に対する施設整備費の国庫補助が憲法 89 条後段に抵触すると捉えられがちであるが，これについては，社会福祉法人自体が社会福祉法に基づいて行政からの厳格な監督に服していることに加え，委託契約による公費の支出は，民間の社会福祉事業者から福祉サービスの提供を受けて，行政がその対価として支払うものであると捉えられている。それゆえ，社会福祉法人に対する公金の支出は，公の支配に属する慈善・博愛事業に対する公金支出を行っているということになり，憲法 89 条には違反しないと解されている。

2. 社会福祉法制の基本理念

社会福祉は，身体的・社会的理由により，日常生活を営む上で困難のある人に対して，主に非金銭的サービスを提供することにより，自立や社会参加を図ることを目指す制度である。

社会福祉の対象者は，高齢者，障害のある者，児童などが典型として挙げられる。わが国の社会福祉法制が，政策上の必要性に応じて対象者別に整備されてきたことから，個別の福祉法制に基本理念がそれぞれ規定されている。以下では，これら基本理念について，制度横断的に概観する。

（1）人間の尊厳

前述の憲法 13 条に規定されている通り，すべて国民は人格的に自律した個人として尊重される。社会福祉の対象者は，その置かれている状況から差別を受けやすい立場にあることから，社会福祉法３条には「福祉サービスは，個人の尊厳の保持を旨とし」と規定されている。

中でも，特に差別を受けやすい障害のある者については，障害者基本法１条で「全ての国民が，障害の有無にかかわらず，等しく基本的人権を享有するかけがえのない個人として尊重されるものである」との理念を，また障害者総合支援法１条の２では「全ての国民が，障害の有無にかかわらず，等しく基本的人権を享有するかけがえのない個人として尊重されるものである」との理念を明記している。

また，同じく差別を受けやすい生活困窮者についても，生活困窮者自立支援法２条１項で「生活困窮者の尊厳の保持」を明記している。

（２）差別禁止・合理的配慮

従来より，生活保護法２条には，保護を「無差別平等に受けることができる」，いわゆる無差別平等の原理が規定されている。これに加えて，後述の障害者権利条約の批准に伴い，障害者福祉法制に差別禁止と合理的配慮に関する規定が追加された。障害者基本法は４条で「何人も，障害者に対して，障害を理由として，差別することその他の権利利益を侵害する行為をしてはならない」，「社会的障壁の除去は，それを必要としている障害者が現に存し，かつ，その実施に伴う負担が過重でないときは，それを怠ることによつて前項の規定に違反することとならないよう，その実施について必要かつ合理的な配慮がされなければならない」と定め，障害者総合支援法１条の２では，障害者への支援は「障害者及び障害児にとって日常生活又は社会生活を営む上で障壁となるような社会における事物，制度，慣行，観念その他一切のものの除去に資することを旨として」行われなければならないと定められた。

（3）権利保障

1）選択・参加の権利

社会福祉の対象者が地域社会において自律した生活を営むためには，選択や参加の機会が保障されていることが不可欠である。

障害のある者について，障害者基本法3条では，「尊厳にふさわしい生活を保障される権利を有すること」を前提として，共生社会の実現は，全ての障害者に参加の機会の保障，地域社会における共生，意思疎通のための手段についての選択の機会の確保や情報の取得・利用のための手段についての選択の機会の拡大を旨として図られなければならないと規定している。併せて障害者総合支援法1条の2でも，「全ての障害者及び障害児が可能な限りその身近な場所において必要な日常生活又は社会生活を営むための支援を受けられることにより社会参加の機会が確保されること及びどこで誰と生活するかについての選択の機会が確保され，地域社会において他の人々と共生することを妨げられないこと」と定められている。また，身体障害者福祉法でも2条2項で「すべて身体障害者は，社会を構成する一員として社会，経済，文化その他あらゆる分野の活動に参加する機会を与えられるものとする」と定められており，知的障害者福祉法1条の2第2項でも「すべての知的障害者は，社会を構成する一員として，社会，経済，文化その他あらゆる分野の活動に参加する機会を与えられるものとする」と定められている。

なお，介護保険法においても2条3項で，保険給付は「被保険者の選択に基づき」行われなければならないと規定されている。

2）生活の保障

社会福祉法制に基づいて提供される福祉サービスなどの支援の内容は，対象者の自律あるいは自立生活が保障されるものである必要がある。それゆえ，社会福祉法制の基本理念にこのような規定を明記することで，対象者の生活保障という制度の目的を確認する規定がみられる。

高齢者福祉について，老人福祉法２条は「老人は，多年にわたり社会の進展に寄与してきた者として，かつ，豊富な知識と経験を有する者として敬愛されるとともに，生きがいを持てる健全で安らかな生活を保障されるものとする」と定め，介護保険法２条４項は「被保険者が要介護状態となった場合においても，可能な限り，その居宅において，その有する能力に応じ自立した日常生活を営むことができるように配慮されなければならない」と定めている。

また，母子父子寡婦福祉法２条も「児童が，その置かれている環境にかかわらず，心身ともに健やかに育成されるために必要な諸条件と，その母子家庭の母及び父子家庭の父の健康で文化的な生活とが保障されるものとする」と定めている。

3）児童の権利，意見の尊重，最善の利益の優先

制定当初の児童福祉法において，児童はあくまで健全育成の対象であり，愛護されるという受動的な立場で規定されていたが，後述の児童の権利条約の批准を意識して，児童を権利の主体として意識し，「保護中心」の子ども家庭福祉から「養育中心」の子ども家庭福祉へと転換を図ることを目指した[注9)]。よって，2016年改正で児童福祉法１条は全面改正され，「全て児童は，児童の権利に関する条約の精神にのっとり，適切に養育されること，その生活を保障されること，愛され，保護されること，その心身の健やかな成長及び発達並びにその自立が図られることその他の福祉を等しく保障される権利を有する」と規定された。併せて，児童福祉法２条１項では，「全て国民は，児童が良好な環境において生まれ，かつ，社会のあらゆる分野において，児童の年齢及び発達の程度に応じて，その意見が尊重され，その最善の利益が優先して考慮され，心身ともに健やかに育成されるよう努めなければならない」と，児童の養育に関する国民の努力義務が規定された。

（4）福祉を図る

社会福祉の対象者の権利を保障するため，行政が福祉の保障を図ることは，社会福祉法制の大きな目的であることは言うまでもない。各福祉法においても，障害者総合支援法1条「障害者及び障害児の福祉の増進を図る」，身体障害者福祉法1条「身体障害者の福祉の増進を図る」，知的障害者福祉法1条「知的障害者の福祉を図る」，精神保健福祉法1条「精神障害者の福祉の増進及び国民の精神保健の向上を図る」，老人福祉法1条「老人の福祉を図る」，介護保険法1条「国民の保健医療の向上及び福祉の増進を図る」，母子父子寡婦福祉法1条「母子家庭等及び寡婦の福祉を図る」と明確に規定されている。

また，生活保護法においても，1条「最低限度の生活を保障」することに加え，3条で「この法律により保障される最低限度の生活は，健康で文化的な生活水準を維持することができるものでなければならない」と，憲法25条1項で保障されている健康で文化的な最低限度の生活を国民に保障している。

（5）自立・社会参加

社会福祉の対象者が，社会の一員として自立した生活を営むことは，対象者のさらなる福祉の充実につながる。社会福祉の対象者の自立について，以前より生活保護法1条に「自立の助長」が生活保護の目的として規定されていたが，近年では，各種社会福祉制度の目的として，対象者の自立と社会参加が目的として挙げられている。

まず，社会福祉法3条において，福祉サービスの内容は，「福祉サービスの利用者が心身ともに健やかに育成され，又はその有する能力に応じ自立した日常生活を営むことができるように支援するもの」と規定されている。

障害のある者について，障害者基本法１条は「障害者の自立及び社会参加の支援等のための施策を総合的かつ計画的に推進すること」を目的とする。また，身体障害者福祉法１条に定める援助の目的は，「身体障害者の自立と社会経済活動への参加を促進するため」，知的障害者福祉法１条に定める援助の目的は，「知的障害者の自立と社会経済活動への参加を促進するため」であり，精神保健福祉法１条は，「その社会復帰の促進及びその自立と社会経済活動への参加の促進のために必要な援助」を行うことを目的とする。

高齢者について，介護保険法１条に「自立した日常生活を営むことができるよう，必要な保健医療サービス及び福祉サービスに係る給付を行う」ことが目的とされており，さらに，基本的理念として，老人福祉法３条２項に「老人は，その希望と能力とに応じ，適当な仕事に従事する機会その他社会的活動に参加する機会を与えられるものとする」と定められている。

なお，生活困窮者自立支援法１条にも「生活困窮者の自立の促進」が目的として定められている。

（6）共生

近年では，「地域共生社会」の実現を目指すため，2020年に改正された社会福祉法４条１項で，「地域福祉の推進は，地域住民が相互に人格と個性を尊重し合いながら，参加し，共生する地域社会の実現を目指して行われなければならない」と規定された。

これに先立ち，障害者基本法１条・障害者総合支援法１条の２では，支援の目的として，ともに「相互に人格と個性を尊重し合いながら共生する社会を実現するため」と定めている。

3. 国際条約と社会福祉

条約とは，国家間または国家と国際機関（国際連合など）との間の文書による合意のことである。条約を締結することを批准といい，これは内閣が行う。ただし，批准の事前または事後に国会の承認が必要となる（憲法 73 条 3 号）。条約を批准すると，その条約は憲法よりは下位に置かれるものの国内の法律よりも優位となるため，条約の内容と矛盾する法律は改正する必要がある。

ここでは，批准によりわが国の国内法に影響を与えた児童の権利に関する条約と障害者の権利に関する条約について概観する。

（1）児童の権利に関する条約（子どもの権利条約）

児童の権利に関する条約は，1989 年に国連総会において全会一致で採択され，わが国は 1994 年に批准した。

児童の権利に関する条約は，あらゆる差別の禁止（2 条），児童の最善の利益確保（3 条），生命・生存・発達への権利（6 条），児童の意見の尊重（12 条）を一般原則にしており，そのうえで，表現の自由・プライバシーの保護などの市民的権利，児童のケアや家庭環境に関わる権利，教育や福祉の権利，法に抵触した児童の権利，難民・先住民の児童や障害のある児童の権利など，児童が一人の人間として成長・自立していくうえで必要な権利をほとんど規定している。

この条約は，児童を保護の対象としてではなく，独立した人格と尊厳を持ち，権利を享有し行使する主体として把握することを基礎に，権利を保障している。中でも 12 条の意見表明権は重要で，児童の年齢と成熟度の高い段階では自己決定権とほぼ同義となりえるものであり，その意味で自己決定権につながる権利として理解される。さらに，この権利は，自己に影響を及ぼすすべての事柄の決定過程に参加する権利としての意味を持ち，そして，自分の最善の利益を確保する際の手続的権利としての意義も有する。

他方，この条約は，児童の発達とそのための親及び家族（環境）を重視しており，児童は，人格の全面的で調和のとれた発達のためにふさわしい家族環境の下で成長すべきであるという理念に基づいて，家族形成・関係維持に関わる権利が保障されている。児童は親を知る権利，親により養育される権利を有する（7条）。児童は，家族関係を含むアイデンティティを保全する権利を持ち（8条），原則的に親の意思に反して分離されず（9条），家族再会のための出入国に関する権利を持つ（10条）。さらに，家庭環境を奪われた児童は代替的養護が確保される（20条）。また，親は児童が権利を行使するにあたって，その能力の発達と一致する方法で指導する権利と義務を持ち，責任を負っている（5条）。

国は，児童の最善の利益を考慮しながら，権利実現のために適切な立法・行政その他の措置をとる（3条・4条）。国は，児童が権利を行使するにあたって，親が児童の能力の発達と一致する方法で指示・指導を行う権利を尊重しなければならない（5条）。さらに国は，親が児童の養育と発達に対する第一次的責任を遂行するのにふさわしい援助を与えなければならない（18条）。他方，条約は，親による虐待・放任・搾取が行われている場合（19条），児童の最善の利益からすると親から分離したほうが良い場合（9条），家庭環境から引き離したほうが良い場合（20条），国が親子・家族関係に直接介入することを要請する。

（2）障害者の権利に関する条約（障害者権利条約）

障害者権利条約は，2006年12月に国連総会において採択され，2008

年5月に発効した。わが国は2007年9月に署名し，2014年1月に批准した。

この条約の目的は，「全ての障害者によるあらゆる人権及び基本的自由の完全かつ平等な享有を促進し，保護し，確保すること並びに障害者の固有の尊厳の尊重を促進すること」（1条）である。また，この条約において障害者には，「長期的な身体的，精神的，知的又は感覚的な機能障害であって，様々な障壁との相互作用により他の者との平等を基礎として社会に完全かつ効果的に参加することを妨げ得るものを有する者を含む」（1条）とされている。

この条約では，「障害者が他の者との平等を基礎として全ての人権及び基本的自由を享有し，又は行使することを確保するための必要かつ適当な変更及び調整であって，特定の場合において必要とされるものであり，かつ，均衡を失した又は過度の負担を課さないもの」を「合理的配慮」と定義している（2条）。障害に基づく差別にはこの合理的配慮の拒否も含まれており，締約国には，障害に基づくあらゆる差別の禁止や合理的配慮の提供が確保されるための適当な措置をとることを求めている（5条）。

また，締約国は，障害のある者に関する問題についての意思決定過程において，障害のある者と緊密に協議し，障害のある者を積極的に関与させることが，一般的義務として定められている（4条3項）。

障害のある者の権利実現のための措置として，締約国は，施設・サービス等の利用の容易さ（9条），自立した生活・地域社会への包容（19条），教育（24条），雇用及び労働（27条）などの分野において，適当な措置をとることを定めている。

この条約の批准については，国内の障害当事者等から，批准に先立ち国内法の整備をはじめとする障害のある者に関する制度改革を進めるべきとの意見が寄せられた。これらの意見を踏まえて，2009年12月に内閣総理大臣を本部長，全閣僚をメンバーとする「障がい者制度改革推進本部」を設置し，集中的に障害のある者に関する制度改革を進めることとした。これを受けて，障害のある者に関する法律の改正や新たな法律の制定が行われた。

例えば，「障害者」の定義については，2011年の改正障害者基本法において，「障害者」は「身体障害，知的障害，精神障害（発達障害を含む。）その他の心身の機能の障害（以下「障害」と総称する。）がある者であって，障害及び社会的障壁により継続的に日常生活又は社会生活に相当な制限を受ける状態にあるものをいう」(2条1号）と定義されたように，障害者権利条約で取り入れられた社会モデルの考え方を基本認識としている（第9章も参照)。

差別禁止については，2013年に制定された障害者差別解消法において，行政機関等と事業者における障害を理由とする差別の禁止について規定している（7条・8条)。合理的配慮の提供について，行政機関等は法的義務であるが，事業者は制定当初は努力義務にとどまっていた。しかし，2021年の法改正により，2024年4月1日からは，事業者についても合理的配慮の提供は法的義務化される。

4. まとめ

社会福祉は，高齢者，障害のある者，児童などの支援対象者の生存権を保障することと併せて，対象者が人格的に自律した個人として生活するために支援することも基本理念としている。これは，日本国憲法で定められている，個人の尊厳をはじめとする基本的人権の保障にとどまらず，世界人類普遍の基本理念として，国際条約で保障されている権利の具体化であるともいえる。

とはいえ，基本的人権，とりわけ生存権の具体化については，行政府・立法府の裁量が大きいこと，国際条約は法律以上の効力があるにもかかわらず裁判規範としては積極的に扱われていないことなどから，これら基本理念が具体的に実現しているかどうかについて，常に検証し，改善していくことが求められよう。

〉〉注記

注1）東京地方裁判所判決昭和35年10月19日行集11巻10号2921頁。

注2）最高裁判所大法廷判決昭和42年5月24日民集21巻5号1043頁。

注3）最高裁判所大法廷判決昭和57年7月7日民集36巻7号1235頁。

注4）これの契機となったのは，生活保護の老齢加算廃止をめぐる訴訟においてである。最高裁判所判決平成24年2月28日民集66巻3号1240頁において，判決は，裁量行使の判断過程について合理性の審査を行う，いわゆる「判断過程審査」の採用とその審査基準として「過誤，欠落」を用いている。

注5）菊池馨実『社会保障法（第3版）』有斐閣　2022年　71頁。

注6）東京地方裁判所判決平成16年3月24日判時1852号3頁。ただし，最高裁は合憲と判断している（最高裁判所判決平成19年9月28日民集61巻6号2345頁）。

注7）菊池・前掲註5）73-74頁。

注8）菊池・前掲註5）121頁以下。

注9）磯谷文明ほか編『実務コンメンタール　児童福祉法・児童虐待防止法』有斐閣　2020年　51頁（橋爪幸代執筆部分）。

参考文献

・神尾真知子・増田幸弘・山田晋編著『原理で学ぶ社会保障法』法律文化社　2022 年
・伊奈川秀和『〈概観〉社会福祉法（第 2 版）』信山社　2020 年
・社会福祉法令研究会編『新版社会福祉法の解説』中央法規出版　2022 年
・喜多明人・森田明美・広沢明・荒牧重人編『［逐条解説］子どもの権利条約』日本評論社　2009 年
・松井亮輔・川島聡編『概説障害者権利条約』法律文化社　2010 年
・長瀬修・川島聡編『障害者権利条約の実施―批准後の日本の課題』信山社　2018 年

学習の課題

1. 社会福祉の基本理念を支える，憲法の基本的人権規定についてまとめてみよう。
2. 児童の権利条約や障害者権利条約が，わが国の福祉法制にどのような影響を与えたか，まとめてみよう。

3 サービス提供の安定と行政の役割

木村茂喜

《**本章のねらい**》 措置制度から，利用者とサービスの提供者との契約に基づく福祉サービス提供が中心となった社会福祉の領域において，行政計画や提供者の監督，サービスへの助成など，行政が責任を担う部分は多い。本章では福祉サービスの提供の仕組みを学ぶとともに，計画，監督，助成を中心に，福祉サービスを安定的に提供するための行政機関の役割について学ぶ。
《**キーワード**》 サービス提供，福祉計画，監督

事 例

A社は，B市内の事業所について，介護保険法に基づく通所介護及び介護予防通所介護に係る事業者の指定を受けた。

A社は，事業所において，2016年1月から5月までの間，合計27名の被保険者について，業務日誌及びサービス提供記録書のいずれにも居宅介護サービス（通所介護）が提供された旨の記載がないにもかかわらず，合計113回分の居宅介護サービス費合計71万7860円を請求した。

B市長は，2016年5月30日，事業所に対し監査を実施し，同日，2017年3月23日及び同月27日に，2015年6月から2017年2月までのサービス提供に関する資料の提供を受けた。その後，B市長は，2017年7月10日に事業所の管理者に対して，同年11月6日に管理者とA社の代表者に対して，聴取調査を実施した。

B市長は，2018年2月2日，A社に対し，予定されている不利益処分の内容として通所介護に係る指定居宅サービス事業者の指定を取消す旨を記載した聴聞通知書を送付した。A社の代表者は，同年2月19日の第1回聴聞期日において，B市長がどのようにして不正請求の認定をしたのか等について釈明を求めるほか，B市長が指摘した「不正請求」には不正の目的も故意もないと認定するのが合理的とする内容の意見書を提出した。

A社の代理人は，2018年2月26日付で，B市長に対し，反論を求める旨の意見書を提出した。B市長は，同月27日の第2回聴聞期日において，A社が作成していた業務日誌及びサービス提供記録のいずれにもサービスが提供された旨の記載がない被保険者についての請求を不正と認定した旨等を具体的かつ詳細に説明した。A社の代理人は，再反論しなければならない反論ではないと分かった旨を述べ，審問を終結することについて異議を述べなかった。

B市長は，2018年3月30日付で，介護保険法77条1項6号に基づき，居宅介護サービス費の請求に関し不正があったことを理由として，A社に対し，通所介護に係る指定居宅サービス事業者の指定を取消す処分をした。

（大阪地方裁判所判決令和元年7月24日，判例地方自治468号45頁）

事例のポイント

指定介護サービス事業者が，実際にはサービスを提供していないのにもかかわらず，居宅介護サービス費を請求したことにより，所定の手続きを経て，介護保険法に基づき，指定居宅サービス事業者の指定を取消された。

1．サービス提供の仕組み

（1）措置制度

サービスが必要な者がいるとき，行政機関は，その者が法定の要件を満たしているかを判断し，要件に該当する場合は，職権で支給決定を行い，自らの事務としてサービスを提供するか，自らサービスを提供できないときは，社会福祉法人などの民間事業者にサービス提供を委託する。サービスにかかる費用は，措置権者である地方自治体が民間事業者に措置費として支払い，国または都道府県が負担・補助する。利用者は所得水準に応じて費用を負担し（応能負担），費用は地方自治体に支払う。

この措置制度は，法律上，利用者からの申請は必要ではないこと，事業者と利用者との間に契約関係はないことから，利用者にサービスの選択権はなく，利用者の権利性は弱いとされていた。

措置制度は，かつては福祉サービスの代表的な提供方式であったが，介護保険制度の導入や社会福祉基礎構造改革などで，福祉サービスにおける契約方式の導入が進んだことにより，現在では，要保護児童に対する施設入所・里親委託などの措置（児童福祉法27条1項3号）のほかは，本人が虐待を受けていて申請できないなどの「やむを得ない事由により」介護保険法・障害者総合支援法に規定する給付の利用が著しく困難である高齢者・障害者に対するサービス（老人福祉法10条の4・11条1項2号，身体障害者福祉法18条，知的障害者福祉法15条の4・16条1項2号）や，養護老人ホーム（老人福祉法11条1項1号）・保護施設（生活保護法30条1項ただし書・33条2項）への入所委託措置などに用いられている程度である。

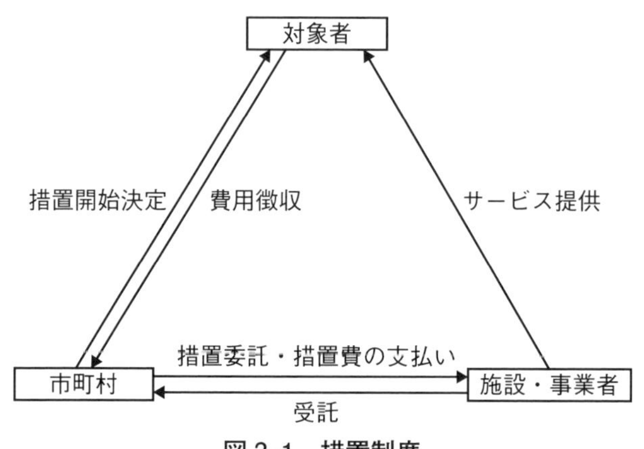

図3-1　措置制度

(2) 契約によるサービス提供

1) 介護保険

介護保険の被保険者が給付を受けるためには，保険者である市町村に要介護認定の申請を行い，調査の結果，要介護（要支援）認定の決定を受けてから，介護サービス計画（ケアプラン）の作成を経て，介護保険施設または介護サービス事業者と介護サービス契約を締結し，認定された要介護度（要支援度）の範囲内でサービスを受けることとなる。市町村は，利用者に提供したサービスの費用を介護報酬として施設・事業者に支払い，サービスの利用者は，一部負担（所得に応じてサービスの 1 割～3 割）を施設・事業者に支払う。法律上の規定は，利用者に介護費用を支給することになっているが，実際には，施設・事業者が費用を受け取る代理受領方式がとられている。

2) 自立支援給付

障害者総合支援法の給付を希望する障害者または障害児の保護者は，

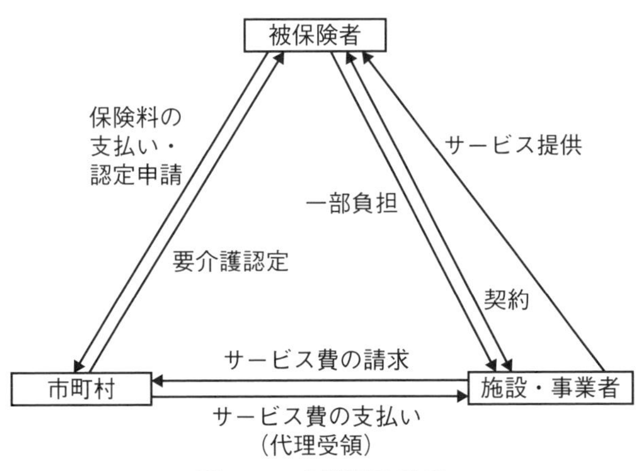

図 3-2　介護保険給付

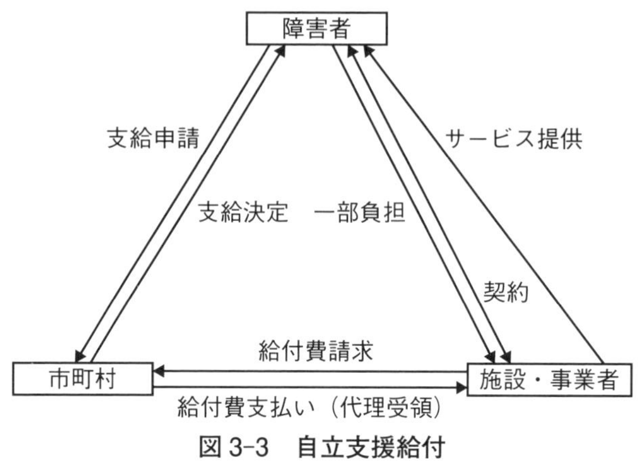

図 3-3　自立支援給付

市町村に支給の申請を行い，障害支援区分の認定を受けるとともに，この障害支援区分のほか，障害者の介護を行う者の状況，サービス等利用計画案，障害者の福祉サービスの利用に関する意向などを勘案した支給決定を受けて，都道府県知事から指定を受けた施設・事業者から契約に基づいてサービスの提供を受ける。障害者総合支援法の条文上は「障害福祉サービスに要した費用」を障害者に支給する方式をとっているが，介護保険給付と同様に，通常は障害者が，その能力に応じて費用の一部（上限１割）を施設・事業者に支払い，残りを施設・事業者が市町村から受け取る代理受領方式がとられている。

3）子どものための教育・保育給付

保育サービス等の利用を希望する子どもの保護者は，市町村に申請して保育の必要性の認定と利用調整を経たうえで，市町村から利用決定を受けてから，施設・事業者と契約を締結して，養育している子どもに対する保育サービスの提供を受ける。これについても，保護者は施設・事業者に対して応能負担で費用の一部を支払い[注1)]，施設・事業者は給付にかかる費用を市町村から受け取る代理受領方式がとられている。

なお，私立の保育所については，保育を必要とする子どもの保護者が，希望する保育所を選択して申込み，市町村が承諾することで保育所利用関係が成立する。市町村は，保育所に対して委託費として保育費用を支

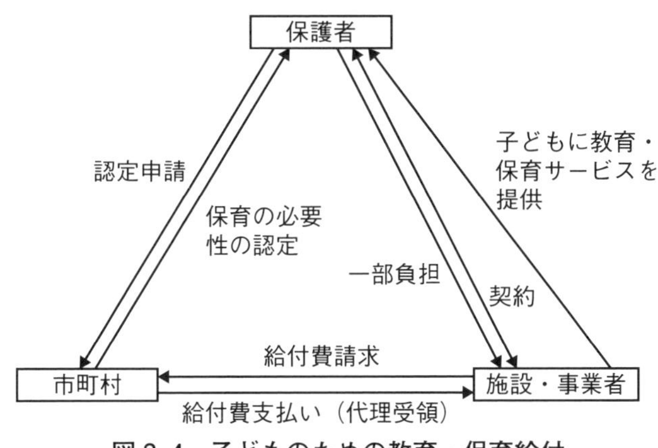

図 3-4　子どものための教育・保育給付

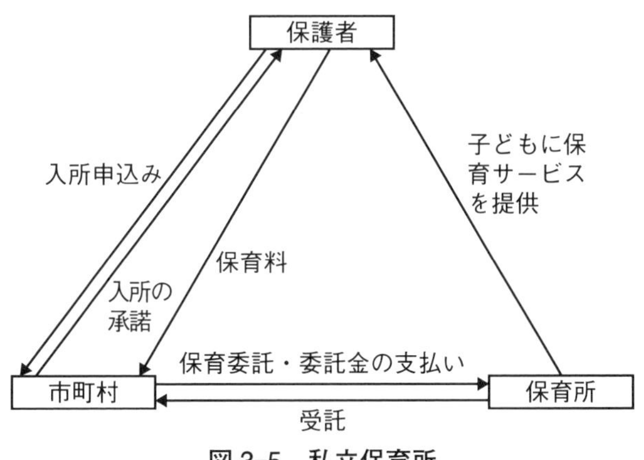

図 3-5　私立保育所

払い，保護者は，市町村に対して応能負担で費用の一部を支払う方式がとられている。

2. 行政計画としての福祉計画

社会福祉給付を実際に提供するためには，福祉サービスを提供する施設や事業者の存在が当然に必要となる。地方自治体は，福祉サービスの提供体制の確保に関する目標を設定し，その実現に向けて様々な政策を実施するための計画を策定している。

このような計画は，行政法上「行政計画」と呼ばれる。これは，①具体的な現実の事象を基礎にした正しい現状認識と，②利用可能な行財政上の能力とを考慮して，③一定の目標年次までに，努力すれば達成可能と考えられる具体的な行政目標とその実現手段とを示す，いわば目標プログラムである[注2)]。

このような行政計画には様々なものがあるが，福祉サービス提供体制の確保に関する計画は，行政の実現すべき目標を描き出す「目標計画」である。この目標計画の機能としては，①社会の現状と行政需要を的確に把握し，利用可能な人的物的資源を合理的に配分して一定の目標時までに，もっとも理想に近い状況を実現できるよう，実現可能な目標を具体的に設定して効率的に行政上の諸政策を展開すること，②関係行政機関に統一的な指針を提示して施策相互の調整と統合をはかること，③計画の多くは，直接国民を拘束するものではないが，実質的には，行政活動のみならず，民間の活動をも指導・誘導する重大な作用を果たしていること，が挙げられる[注3)]。

社会福祉の領域においては，1990 年代以降，少子高齢化問題の顕在化を背景に，福祉サービスの整備を目的とした行政計画が策定されている。例えば，高齢者福祉領域において，国は 1989 年 12 月に「高齢者保健福祉十ヵ年戦略（ゴールドプラン）」を策定し，とりわけ在宅サービスの大幅な整備を主眼にすえた，10年間の保健福祉サービスの整備目標が立てられた。後にこのプランは予想を上回る高齢者保健福祉サービス整備の必要性が明らかになったことから，1994年12月に全面的に見直され，2000年3月までを見据えた，新たな目標設定がなされた（新ゴールドプラン）。さらに2000年4月から介護保険法が施行された際にも，同時にゴールドプラン21が策定された。

障害者福祉領域については，1995年に「障害者プラン―ノーマライゼーション7ヵ年戦略」を発表し，具体的な施設等のサービス整備目標を設定した。

児童福祉領域については，1994年に「今後の子育て支援のための施策の基本的方向について（エンゼルプラン）」，及び緊急保育対策等5か年事業が策定され，5年間の保育対策の目標値を設定した。5年後の1999年には，「少子化対策推進基本指針」，及び新エンゼルプランが策定され，さらに5年間の数値目標を設定した。

2002年に厚生労働省は，「少子化対策プラスワン」を策定し，保育を中心とした従来の対策に加えて，男性を含めた働き方の見直し，地域における子育て支援などの柱を立てた。また，2003年に制定された少子化社会対策基本法において設置された少子化社会対策会議は2004年からおおむね5年おきに「少子化社会対策大綱」を策定し，「子育て支援」，「仕事と子育ての両立」，「結婚，妊娠・出産，子ども・子育てに温かい社会をつくる」などを基本的な考え方として，少子化対策に取り組むとしている。

社会福祉基礎構造改革以降，社会福祉法制において，地方公共団体が社会福祉サービスの提供体制の確保を中心とした福祉計画を策定する旨の規定が加えられており，現在は表3-1の通りとなっている。

表 3-1　社会福祉法制における福祉計画

対象	市町村	都道府県	国
総合	地域福祉計画（社会福祉法 107 条）※努力義務	地域福祉支援計画（社会福祉法 108 条）※努力義務	
高齢者	介護保険事業計画（介護保険法 117 条） 老人福祉計画（老人福祉法 20 条の 8）	介護保険事業支援計画（介護保険法 118 条） 老人福祉計画（老人福祉法 20 条の 9）	基本指針（介護保険法 116 条）
障害者・障害児	障害者計画（障害者基本法 11 条 3 項） 障害福祉計画（障害者総合支援法 88 条） 障害児福祉計画（児童福祉法 33 条の 20）	障害者計画（障害者基本法 11 条 2 項） 障害福祉計画（障害者総合支援法 89 条） 障害児福祉計画（児童福祉法 33 条の 22）	障害者基本計画（障害者基本法 11 条 1 項） 基本指針（障害者総合支援法 87 条・児童福祉法 33 条の 19）
子ども・子育て	子ども・子育て支援事業計画（子ども・子育て支援法 61 条）	子ども・子育て支援事業支援計画（子ども・子育て支援法 62 条）	基本指針（子ども・子育て支援法 60 条）

社会福祉法制における福祉計画は，福祉の対象ごとに制定されている。各福祉法において，福祉計画の策定が地方自治体に義務付けられており，それら各計画を横断的総合的に統合する上位計画として，社会福祉法の地域福祉計画・地域福祉支援計画が位置付けられていることから，各計画は地域福祉計画・地域福祉支援計画と調和が保たれたものでなければならない（障害者総合支援法 88 条 7 項など）。ただし，各福祉法の福祉計画とは異なり，地域福祉計画・地域福祉支援計画の策定は地方自治体の努力義務とされている。

各福祉計画同士及び国と地方自治体の関係について整理すると，まず，国は福祉サービス給付や事業の円滑な実施を確保するために基本指針を示しているが，地方自治体はこの基本指針に即して福祉計画を策定する。

高齢者福祉及び障害者福祉については，複数の法律に基づく複数の福祉計画が存在する。それらの関係について整理すると，介護保険事業計画・介護保険事業支援計画と老人福祉計画は，老人福祉法に基づく老人福祉施設・事業が介護保険の指定を受けることで介護保険施設・介護サービス事業者となることから，両者は一体のものとして作成されなければならない（介護保険法117条6項・118条6項，老人福祉法20条の8第7項・20条の9第5項）。他方，障害福祉計画については，障害者のための施策に関する基本的な計画である，障害者基本法の障害者計画との調和が保たれたものでなければならない（障害者総合支援法88条7項・89条5項）。なお，障害福祉サービスに関する基本指針と障害児に対するサービスに関する基本指針，障害福祉計画と障害児福祉計画は，一体のものとして作成することができる（障害者総合支援法87条3項・88条6項・89条4項，児童福祉法33条の19第3項・33条の20第6項・33条の22第4項）。

福祉計画の策定及び変更等に際しては，民意を反映させるために，地方自治体が地域住民や当事者の意見を反映させるための必要な措置を講ずる努力義務を定めている（障害者総合支援法88条8項，子ども・子育て支援法61条8項など）。加えて，審議会その他の合議制の機関を設置している場合に，地方自治体は，当該機関の意見を聴かなければならない旨定められている（子ども・子育て支援法61条7項，障害者総合支援法88条10項[注4]など）。ただ，審議会等が地方自治体の意向に沿った意見を持っている委員のみで構成されていると，審議の手続が事実上形骸化する恐れがあるため，地方自治体は，審議会を適切に運営していくために，委員の人選，審議手続，会議の運営などに注意を払う必要がある。

民意の反映のためには，審議会の公開も選択肢の一つであろう。

3. サービスの監督

介護保険法において，都道府県知事又は市町村長は，指定サービス事業者及び介護保険施設に対し，必要があると認めるときは，報告若しくは帳簿書類の提出若しくは提示を命じ，サービス事業者及び施設開設者若しくは従業員に出頭を求め，又は当該職員に関係者に対して質問させ，若しくは事業所への立ち入り，設備・帳簿書類等を検査させることができる（介護保険法 76 条・90 条等)。冒頭の事例においては，介護報酬の不正請求の場合であったので，B 市長はこの規定に基づいて監査を実施し[注5)]，資料の提供と聞き取り調査を行っている。また，都道府県知事は，従業員の人員や設備・運営について，基準に従って適正なサービス・施設の運営をするよう，期限を定めて勧告することができ，事業者・施設が正当な理由がなくてその勧告に係る措置をとらなかったときは，事業者・施設に対し，期限を定めてその勧告に係る措置をとるべきことを命ずることができる（介護保険法 76 条の 2・91 条の 2 等)。

さらに，都道府県知事は，基準を満たすことができなくなった事業者・施設に対して指定を取り消し，又は停止することもできる（介護保険法 77 条・92 条等)。冒頭の事例においては，B 市長は指定の取り消しに先立って，A 社に対して聴聞を行っているが，これは，A 社に対する指定取消しが，行政手続法 13 条 1 項 1 号ロの「名あて人の資格又は地位を直接にはく奪する不利益処分をしようとするとき」に該当するため，行政手続法 13 条 1 項 1 号に定める聴聞を行って，A 社に意見陳述の機会を与える手続をとらなければならないことによる。

障害者総合支援法における，障害者等に対する市町村長の報告等を求める権限（障害者総合支援法 9 条)，及び都道府県知事・市町村長の指定障害福祉サービス事業者および指定障害者支援施設等に対する報告，都道府県知事の勧告・命令，指定取り消し・停止に関しては，介護保険法と同様に定められている（障害者総合支援法48条・49条・50条等）。

社会福祉法人の監督について，所轄庁は，社会福祉法の施行に必要な限度において，社会福祉法人に対し，その業務若しくは財産の状況に関し報告をさせ，又は当該職員に，社会福祉法人の事務所その他の施設に立ち入り，その業務若しくは財産の状況若しくは帳簿，書類その他の物件を検査させることができる（社会福祉法56条1項）。また，所轄庁は，社会福祉法人が，法令・行政処分・定款に違反し，又はその運営が著しく適正を欠くと認めるときは，当該社会福祉法人に対し，期限を定めて，その改善のために必要な措置をとるべき旨を勧告することができ（社会福祉法56条4項），当該社会福祉法人が正当な理由がないのに当該勧告に係る措置をとらなかったときは，当該社会福祉法人に対し，期限を定めて，当該勧告に係る措置をとるべき旨を命ずることができる（社会福祉法56条6項）。その際，当該社会福祉法人が命令に従わないとき，所轄庁は，業務停止を命じ，または役員の解職を勧告することができるほか（社会福祉法56条7項），他の方法により監督の目的を達することができないときは，解散を命じることができる（社会福祉法56条8項）。

4. サービスの助成

国又は地方自治体は，必要があると認めるときは，厚生労働省令又は当該地方自治体の条例で定める手続に従い，社会福祉法人に対し，補助金を支出し，又は通常の条件よりも当該社会福祉法人に有利な条件で，貸付金を支出し，若しくはその他の財産を譲り渡し，若しくは貸し付けることができる（社会福祉法58条1項）。その際，厚生労働大臣又は地方自治体の長は，その助成の目的が有効に達せられることを確保するため，当該社会福祉法人に対して，事業又は会計の状況に関し報告を徴し，社会福祉法人の予算が不適当であると認める場合において，その予算について必要な変更をすべき旨を勧告し，社会福祉法人の役員が法令，法令に基づいてする行政庁の処分又は定款に違反した場合において，その役員を解職すべき旨を勧告する権限を有する（社会福祉法58条2項)。社会福祉法人が上記の措置に従わなかったとき，国または地方自治体は，交付した補助金若しくは貸付金又は譲渡し，若しくは貸し付けたその他の財産の全部又は一部の返還を命ずることができる（社会福祉法58条3項)。

なお，社会福祉法人が設置する児童福祉施設について，都道府県及び市町村は，当該施設の新設等の費用の4分の3以内を補助することができる（児童福祉法56条の2）ほか，都道府県は，社会福祉法人に対し，高齢者福祉に関する事業に要する費用の一部を補助することができる(老人福祉法24条2項)。

5. まとめ

1990年代後半から2000年代初めにかけて行われた社会福祉基礎構造改革により，社会福祉サービスにおいては，利用者とサービス事業者との契約に基づく提供形態が主流となった。これについては,「行政責任の後退」と論じられることが多かった。しかし，実際のところは，従前も措置委託という形で民間によるところの大きかった，サービスを直接提供する責任を除いた，福祉計画，サービスの監督，助成のいずれをとっても，行政の責任は引き続き存在している。

契約中心の福祉サービス提供体制においても，やむを得ず介護保険法・障害者総合支援法が利用できないときなどに，市町村等が措置をすることができる。この措置制度の利用は，本人が虐待を受けているときや，本人が認知症などで意思能力が乏しく，かつ本人を代理する家族等がいないときを想定しているが，本人が処遇困難者で事業者と任意の契約が締結できないときや，低所得によりサービスが利用できないときなどにも利用すべきである。

福祉計画は，国や地方自治体が直接施設等の整備をするものではなく，社会福祉法人その他民間事業者の誘致計画に過ぎず，その補助率も決して高くはない。その結果，施設の建設を行う民間事業者は，莫大な自己資金を必要とするものであって，物的基盤整備の遅れの大きな原因となっている。また，これらの基盤整備計画だけを満たしても，サービス利用者のニーズのすべてを満たすことはできないことから，家族等による私的介護の存在を前提としているといえる。確かに，家族等による介護を全否定するわけではないが，行政がこれを期待することは，家族らの過度な介護労働による家庭崩壊をもたらす原因や，家族から自立して生活したいとする高齢者や障害のある者の自立を阻むものとなる。

このような不十分な基盤整備計画，しかも民間事業者の自己資金に大幅に依存する計画は，高齢者や障害のある者が，必要なサービスを受けながら，個人の尊厳と自己実現の保障された生存権を侵害するものである。行政は，家族らによる私的介護を前提としない基盤整備計画を策定し，施設等の整備を公的責任と公的費用負担で行う必要があろう。

これに加えて，社会福祉基礎構造改革以降，社会福祉法制においては，介護保険の地域支援事業や生活困窮者自立支援法の自立相談支援事業などに代表される，「事業」の存在が大きくなってきている。

事業については，①地域支援事業のように一見本来の給付の付随的位置づけにとどまるようにみられるものであっても，国が進めようとしている政策との関連ではむしろ中核的な位置づけが与えられるものが存在する，②生活困窮者自立相談支援事業のように，金銭・サービスといった給付ではなく，相談支援に軸足を置くものが増えている，③事業の責任主体は地方自治体だが，実際にサービスを提供するのは委託を受けた社会福祉法人やNPO法人などの民間団体である，④事業について，「行政処分」や「権利」「義務」といった，法学でなじみの深い概念で捉えたり，あるいは平等原則や信義誠実の原則などの，法の一般原則を通じたコントロールが難しいという指摘がなされている[注6)]。社会福祉法制における事業の法的位置づけについては，利用者の権利保障の視点も含めた，さらなる検討が必要であろう。

〉〉注記

注1）2019年10月より，3歳以上の子どもを養育する保護者について，利用料は無料となっている。

注2）原田尚彦『行政法要論（全訂第7版補訂2版）』学陽書房　2012年　122頁。

注3）原田・前掲124-125頁。

注4）障害者基本法36条4項の合議制の機関を設置している場合は，意見聴取が地方公共団体に義務付けられているが，障害者総合支援法89条の3第1項に規定する協議会を設置している場合，地方公共団体の意見聴取は努力義務とされている（障害者総合支援法88条9項など）。

注5）「介護保険施設等の指導監督について」令和4年3月31日老発第6号厚生労働省老健局長通知　別添2「介護保険施設等監査指針」。

注6）菊池馨実『社会保障再考―〈地域〉で支える』岩波新書　2019年146-148頁。

参考文献

・倉田聡『これからの社会福祉と法』創成社　2001年
・菊池馨実『社会保障法（第3版）』有斐閣　2022年
・伊奈川秀和『概観社会福祉法（第2版）』信山社　2020年
・社会福祉法令研究会編『新版社会福祉法の解説』中央法規出版　2022年
・大曽根寛編著『改訂版　社会福祉と法』放送大学教育振興会　2020年

学習の課題

1. 社会福祉におけるサービス提供の仕組みについて，その特徴も踏まえてまとめてみよう。
2. 社会福祉における行政の役割と責任について，整理してみよう。

4 利用者ニーズ・自己決定とサービス提供手続の相克

廣田久美子

《**本章のねらい**》 障害のある人が障害のない人と同様に地域で暮らすためには，さまざまなサービスを受けることが不可欠となる場合があるが，必ずしもサービスを希望通りの内容や量で受けられるわけではない。本章では，福祉サービスの支給量をめぐる紛争を通じて，利用者ニーズの決定における法的課題について学ぶ。

《**キーワード**》 自立支援給付，行政裁量，支給決定基準

事 例

Aさんは70歳代の男性で，筋萎縮性側索硬化症（ALS）による両上肢機能全廃，両下肢機能全廃，言語機能喪失の障害を有し，全身の筋肉が麻痺しており，寝たきりの状態にある。また，人工呼吸器を常時装着し，胃ろうによる流動食の摂取，たんや唾液の頻繁な吸引，体位交換や排尿等に介助を必要とする。Aさんには，妻がいるが，病気のためAさんの介護を行っておらず，他にAさんの介護ができる親族はいない。

Aさんは，平成19年度以降，B市福祉事務所長から障害者自立支援法（当時）（注1）に基づく障害程度区分（注2）を区分6とする認定を受け，重度訪問介護の支給量を1カ月268時間とする介護給付費支給決定を受けてきた。支給量の内訳は，妻の就寝時間相当分として1日当たり8時間（1カ月248時間）および緊急対応分20時間である。また，Aさんは介護保険に関して要介護5の認定を受け，1日当たり3.5時間分の介護について介護給付を受給している。Aさんは，C社の訪問介護員による24時間の居宅介護を受けているが，公的給付でまかなわれない部分はC社が無償で提供していた。

Aさんは1日24時間介護を前提に，重度訪問介護の支給量を1カ月651時間以上とする介護給付費支給申請をしたが，B市福祉事務所長は，支給量を268時間とする支給決定をしたため，Aさんは提訴した。
（和歌山地方裁判所判決平成24年4月25日（判例時報2171号28頁），確定）

（注1）障害者自立支援法は2012年より障害者総合支援法に改められている。本事例当時も，上記の通り障害者自立支援法が適用されているが，本章では，便宜上，障害者総合支援法を念頭において記述する。

（注2）障害者総合支援法では障害支援区分に相当する。

事例のポイント

障害のあるAさんは，1日24時間の居宅介護を前提に，障害者総合支援法に基づく重度訪問介護を申請したが，申請した4割程度の支給量しか認められなかった。Aさんが介護を受けながら地域で自立した生活を送るには，どのような法的課題があるのだろうか。

1．社会福祉の利用者ニーズとサービス提供手続

日常生活を送るうえで身の回りのことが一人でできない場合には介護が必要となり，移動が一人でできない場合には移動の支援や車いす等の補助具が必要となるように，障害者は，さまざまなニーズを抱えている。事例のように，障害者が，障害のない人と同様に地域生活や社会生活を送り，社会参加をするのに何らかの支援が必要となることがある。事例では，後述するように，裁判所の判断により大幅に増加した支給量が認められることになったが，重度訪問介護が使えることを十分に知らず，人工呼吸器を付けずに亡くなるALS患者が7割にのぼると言われている[注1]ように，現在も，障害のある人が当たり前に24時間介護を求め，

24時間介護を実現していくことがまだ難しい状況にある[注2)]。家族でなんとか介護しようと考え，呼吸器をつける選択をしたが，24時間，目の離せない介護が続く中で家族が睡眠不足や介護うつになり，家庭崩壊してしまう患者・家族も存在する。

さらに，この問題は，高齢者や子どもなど，生活を支えるためのさまざまなニーズを抱える人は多いことから，障害者に限ったことではない。障害者の場合には，介護，生活支援，就労支援などのニーズに対し，主に障害者総合支援法に基づく介護給付等の自立支援給付があるが，高齢者の介護や生活支援のニーズに対しては，介護保険制度と，老人福祉法等に基づく措置制度（例えば，介護保険で対応できない場合（虐待を受けている場合等））で対応することになる。子どもの場合には，児童福祉法や子ども・子育て支援法に基づく保育等が挙げられる。

これらの支援やサービス・給付は，児童の施設入所措置や措置制度等の例外を除き，現在，多くが利用者とサービス提供事業者等との契約によって提供されており，そこで利用できるサービスの内容やサービスの時間（量）等は，行政により決定される。例えば，介護保険法に基づき高齢者が介護サービスを受ける場合には，市町村に利用の申請をしたのち，介護保険で利用できるサービスの種類の範囲や量の上限についての認定を受ける。その後，指定事業者（サービスを提供する事業者のうち，法令に基づく指定を受けている事業者）と契約を締結する。よって，契約に際しては，行政によって認定された範囲のなかで，どのようなサービスをどの程度受けるかについて選択することになる。

児童の保育所等の利用については1998年から利用者が施設を選択する方式に移行し，2015年からの子ども・子育て支援制度で，サービスの必要性の判断をサービス提供と別に行う仕組みになっている。

社会福祉サービスがほとんど措置制度によって提供されていた，高齢者に関しては介護保険が施行される2000年より前，障害者に関しては支援費制度が導入された2003年より前の時期とは異なり，現在は，サービスの利用手続きにおいて，一定の範囲で利用者の自己決定に基づく選択ができるようになったといえる。しかし，契約締結前の行政による支給決定等の手続きを経るため，契約におけるサービスの範囲や量については，一定の範囲に限られている。

社会福祉サービスにおいて，利用者のニーズを充足したり自己決定を保障したりすることの重要性はいうまでもないが，その一方で，財政的制約が存在することから，そこには常に緊張関係がみられる。すなわち，財政的・政策的な制約のもとで効率的かつ合理的な社会福祉サービス・給付を確保するために，自治体の裁量がどこまで認められるのかという問題が提起されている[注3)]。

そこで，以下では，冒頭の事例をもとに，障害者の介護保障をめぐる利用者のニーズ決定過程の仕組みを例にとり，行政がどのように利用者ニーズからサービスの支給量を決定するのか，そして利用者ニーズの充足における行政裁量にはどのような課題があるのかについて考えてみよう。

2．介護サービス支給量の決定の仕組み

（1）障害者総合支援法に基づく自立支援給付（介護給付）

障害者総合支援法の給付は，大きく自立支援給付，相談支援事業，地域生活支援事業に分けられ，このうち，自立支援給付には，介護の支援を行う介護給付と訓練等の支援を行う訓練等給付がある（訓練等給付については，第10章参照）。

介護給付には，居宅において入浴，排せつまたは食事の介護などを提供する「居宅介護」(5条2項)，常時介護を要する，重度の肢体不自由

者そのほかの障害者に対し居宅における入浴，排せつまたは食事の介護などを提供する「重度訪問介護」（5条3項），重度の障害者に対し居宅介護そのほかの厚生労働省令で定める障害福祉サービスを包括的に提供する重度障害者等包括支援（5条9項）などがある[注4)]。

なお，障害者総合支援法の給付はいずれも費用の支給であるが，代理受領の仕組みが用いられているため，利用者はサービス事業者に利用者負担分を支払うことでサービスを利用できることになっている。

（2）利用手続き

障害者が介護給付を受けるためには，市町村の窓口に申請を行わなければならない。その後，市町村は，市町村審査会等による判定に基づく障害支援区分の認定を行い（21条），そのうえで介護者の状況，利用者の意向のほか，サービス等利用計画案（申請の際，申請者が提出することになっている）を勘案して，支給量を含めて支給決定を行うことになっている（22条）。障害支援区分は，障害の多様な特性その他の心身の状態に応じて必要とされる標準的な支援の度合いを総合的に示す区分で（4条4項），支援が必要とされる度合いが高い方から支援区分6から1まで，または非該当の認定がなされる。この障害支援区分の認定の特徴は，市町村審査会による2次判定の前に訪問調査の結果に基づきコンピュータによる1次判定が設けられていることである。

（3）介護給付費の支給量決定の仕組み[注5)]

市町村は，障害者等の障害支援区分，当該障害者等の介護を行う者の状況，当該障害者等の置かれている環境，当該申請に係る障害者等又は障害児の保護者の障害福祉サービスの利用に関する意向その他の厚生労働省令で定める事項を勘案して介護給付費等の支給の要否の決定（「支給要否決定」という）を行う（22条1項）。

勘案事項は，①障害支援区分又は障害の種類及び程度その他心身状況，②介護を行う者の状況，③介護給付費等の受給状況，④障害児施設等の利用状況，⑤介護保険給付に係る居宅サービスの利用状況，⑥保健医療又は福祉サービス等，⑦障害者（児）の利用に関する意向の具体的内容，⑧障害者（児）のおかれている環境，⑨障害福祉サービスの提供体制の整備状況，である。

申請に対してどの程度の支給量を認めるかについて，厚生労働省は地方自治体ごとに支給決定基準を設けるように指導している[注6)]ことから，勘案事項を踏まえ，市町村が定めた「支給決定基準」[注7)]を基本として，支給量の決定を行う。支給決定基準は，市町村が介護給付等の支給決定を適正かつ公正におこなうために定められるものであり，サービス費の支給決定が恣意的にならないように，支給決定基準を客観的な指標の一つとして，支給決定や不服審査の際に用いていられるものである。なお，障害支援区分は，支給量決定の重要な要因となっているものの，介護保険とは異なり，支援区分ごとに利用できる介護サービスの上限を定めるものではない。

しかし，支給決定基準に基づき算定されるサービス支給量と利用者の利用意向を踏まえたサービス等利用計画案との間に大きな隔たりがある場合，すなわち，その「基準」による「定型的時間」では足りない場合は「非定型」事案として，個々の障害者の事情に応じた支給決定をするべきものとし，市町村審査会の意見を聞いたうえで個別に適切な支給量を定めることとしている。非定型に該当する場合，市町村審査会に意見を求めるか，または非定型非該当として支給決定基準に従ったかたちで支給決定がおこなわれる[注8)]。支給決定基準は，審査基準の一種であるが，行政庁が大量迅速に内部処理するための目安にすぎず，その基準で

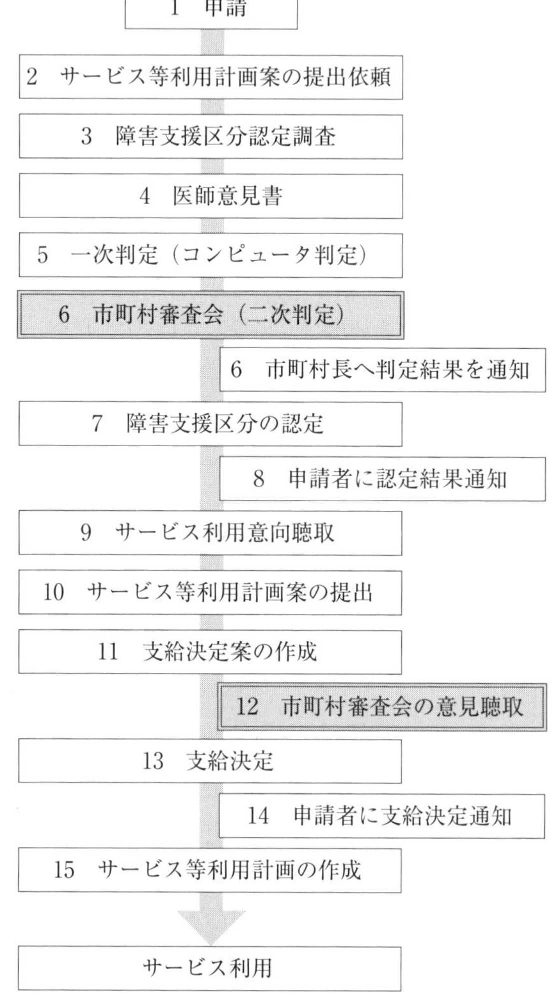

出典：厚生労働省「介護給付費等に係る支給決定事務等について（事務処理要領）」（最終改正　平成 26 年 4 月 1 日）

図 4-1　介護給付に係る支給決定の流れ（同行援護を除く）

は支援の必要性が足りない人に関しては，個別の必要性に応じた支給量を給付することが行政庁に義務付けられている[注9)]といえる。

このように，市町村は障害支援区分，サービス利用意向聴取の結果，そしてサービス等利用計画案等に基づき，支給決定案を作成し，これについて勘案事項，審査会の意見等をふまえ，支給決定が行われる。その後，指定特定相談支援事業者は，サービス担当者会議を開催してサービス事業者等との連絡調整を行い，サービス等利用計画を作成する。それに基づき，サービスを利用する事業者と利用に関する契約を締結し，サービス利用が開始される[注10)]。

3．支給量決定における行政裁量

上記の介護給付費の支給量決定の仕組みをみると，支給決定を行う過程では，行政庁の裁量が大きいことがわかる。

一般に，法が国家機関の活動を規律するにあたって，すべての事項を厳格にルール化しておくのではなく，一定程度まで権限者の選択や判断にゆだねる場合があり，その余地を「裁量」という。裁量の種類には憲法との関係で立法者に委ねられた立法裁量や，裁判官が法を適用する際の司法裁量，法律の枠内で行政機関に認めた判断の余地である行政裁量がある。このうち，行政裁量についてみると，行政裁量が認められるのは，すべての行政活動について，内容をあらかじめ事細かに規定しておくことは現実的ではないことに加えて，社会的需要の変化への柔軟な対応や，個別具体的な状況にふさわしい対処などを可能とするために，行政庁による専門的判断が必要とされる場合もあるからである。そのため，法による規律をできるだけ徹底するとともに，必要に応じて裁量の余地を残しておくことが望ましいとの考え方が背景にある。ただし，裁量を授権された行政庁は，その権限の範囲内で判断し適宜に処理するのであって，何らの制限もなくまったく自由に決定しうるわけではない。行政事件訴訟法 30 条では，「行政庁の裁量処分については，裁量権の範囲をこえ又はその濫用があった場合に限り，裁判所は，その処分を取り消すことができる。」と明示している。どの程度広い裁量が認められるのかについては，法律の文言や，行政行為が私人のどのような権利にどの程度の影響を及ぼすのかといった観点などを考慮して，個別的に判断される[注11)]。

事例でも，市町村に裁量がある理由として，裁判所は「指定障害福祉サービス事業者の数，規模，分布等の障害福祉サービスの提供に係る人的，物的諸条件は全国一律ではなく，人口，年齢構成，地勢及び経済状況その他の地域の具体的状況に応じて市町村ごとに当然異なるものであり，…自立支援法は，障害者について，障害福祉サービスを提供するかどうか，支給する場合に，どのような種類の障害福祉サービスをどれほどの支給量をもって支給するかという判断については，勘案事項に係る調査結果を踏まえた市町村の合理的裁量に委ねていると解するのが相当」としている。そして，裁量権の逸脱濫用になる場合については，①支給決定の基礎となる事実に見過ごすことのできない程度の誤りがある，あるいはその判断内容が社会通念に照らして明らかに合理性を欠く等の場合であり，②裁量権の逸脱濫用があるかないかの判断は，支給決定等に至る判断の過程において，勘案事項を適切に調査あるいは考慮しないことにより，決定内容が障害者の具体的な事情に照らして障害者総合支援法 1 条に定める法の趣旨目的に反しないかどうかという観点から検討すべき（判断過程統制）と述べて，サービスの種類や支給量に関しては，市町村の合理的裁量に委ねられる部分が大きいものの，その裁量は無制限ではないとしている。

（1）事例における裁判所の判断

事例では，裁判所は，B 市福祉事務所長が行った支給決定について，妻が A さんの介護を行っているという要素を過度に評価する一方で，A さんと妻の心身の状況等の考慮すべき要素を十分に考慮していないことなどから，社会通念に照らして明らかに合理性を欠き，与えられた裁量権を逸脱濫用した違法な処分であるとした。

「障害者には多様なものが含まれ，その障害の種類，内容及び程度を考慮しなければ，自立支援法の趣旨目的を達成することは困難である」として，一人ひとりの個別具体的な事情を踏まえて支給量を定めるべきという，支給量を定める際の基本的な考え方を示した。そのうえで，A さんが，「体位変換，呼吸，食事，排たん，排泄等，生存に係るおよそすべての要素について，他者による介護を必要とすること，自力で他者に自分の意思を伝える方法が極めて限定されていることに鑑みると」，A さんは「ほぼ常時，介護者がその側にいて，見守りも含めた介護サービスを必要とする状態にあることが認められる」と，妻の年齢や健康状態，ALS の特質も考慮して，少なくとも 1 日 21 時間以上の公的介護を認めなければ，原告が必要十分な介護サービスを受けることができず，その生命，身体，健康の維持等に対する重大な危険が発生する蓋然性が高いと認め[注12]，1 カ月 542.5 時間（1 日当たり 17.5 時間，介護保険給付と合わせて 1 日当たり 21 時間）を下回らない給付を義務付けた。

（2）支給決定過程の課題

まず，支給決定基準についてみると，支給量の判断の根拠となるものであるから，サービス費の支給決定が恣意的にならないよう公正さや適正さが担保された客観的な基準であることが求められる一方で，介護保険のように支給量の上限を定めたものではなく，障害者の生活ニーズを充足するために柔軟な対応が求められる性質のものといえる。

しかし，支給決定基準は，市町村により異なり，多くの自治体が支援区分ごとに設定された国庫負担基準を指標として，その支給量上限を設定しているとの指摘がある[注13)]ように，自治体間格差が生じている。社会福祉制度によって地方自治体の財政的負担には違いがあるが，自立支援給付の場合は，税を財源とし，国 1/2，都道府県 1/4，市町村 1/4 ずつ負担するためであり，市町村によって財政的規模が異なることから，同じ障害状態でも，市町村によって支給内容・支給量に差が生じる地域格差につながりやすい構造となっている。この点については，実際，障害福祉サービス関係予算額は 2007 年から 2019 年までの間で約 3 倍に増加していること[注14)]などからは，あくまであらゆる申請者に，障害者総合支援法 1 条の趣旨にある自立した生活を保障していると解釈できる範囲内で，財源の有限性を含めて，優先順位をつけて支給決定を行うことが許容されざるを得ないと考えられている[注15)]。あるいは，支給決定基準や決定過程に財政事情との均衡を加えることも考えられるところである[注16)]。

ただ，その際には，予算に合わせて利用者ニーズを判断しがちになる可能性が高くなり，地域格差による不利益も大きくなることから，まず，前述した，あらゆる申請者に保障されるべき，障害者総合支援法 1 条の趣旨にある自立した生活を保障していると解釈できる範囲が支給決定基準に反映されていることが必須であり，支給決定過程にも，生活状況を反映させやすいよう，当事者の参画等を含めた透明性の高い手続きを保障することが不可欠となろう。

4. まとめ

事例にみられるように，社会福祉サービスにおいては，「措置から契約へ」移行した後も，ニーズの判定から支給量の決定まで行政の裁量が重要な役割を果たしており，どのようなサービスをどの程度受けるのかについての利用者自身の選択権が限られている場合が多いということを指摘できる。

障害者福祉分野では，障害者権利条約19条で，自立生活と地域社会への包容を規定しており，障害者が平等の選択の機会をもって地域社会で生活する権利を享受し，地域社会に包容されることを容易にするための措置を取るよう締約国に義務を課している。障害者基本法においても「全て障害者は，社会を構成する一因として社会，経済，文化その他あらゆる分野の活動に参加する機会が確保されること」（3条1号），および「全て障害者は，可能な限り，どこで誰と生活するかについての選択の機会が確保され，地域社会において他の人々と共生することを妨げられないこと」（3条2号）が基本理念として定められるとともに，「国及び地方公共団体は，障害者が，その性別，年齢，障害の状態及び生活の実態に応じ，医療，介護，保健，生活支援その他自立のための適切な支援を受けられるよう，必要な施策を講じなければならない」（14条3号）等と定められている。また，障害者総合支援法でも，「基本的人権を享有する個人としての尊厳にふさわしい日常生活又は社会生活」[注17)]を営むことができるよう必要な障害福祉サービスに係る給付を行うこと等を目的としている。また，「全ての障害者及び障害児が可能な限りその身近な場所において必要な日常生活又は社会生活を営むための支援を受けられることにより社会参加の機会が確保されること及びどこで誰と生活するかについての選択の機会が確保され，地域社会において他の人々と共生することを妨げられないこと」（1条の2）等が基本理念として定められている。冒頭の事例について裁判所が述べているように，障害者のサービス支給量の判断は，このような障害者総合支援法の目的や基本理念をふまえたものでなければならない。社会福祉サービスにおいても，同様にその時々の財政状況や提供できるサービス量を過度に重視するのではなく，そのニーズを法目的に沿って個別的に反映させていく必要がある。

児童分野においても，保護者の意向とは別にサービスの対象となっている児童本人の意見を聞いてその意向を反映させる「意見表明権」を保障することが重要である（子どもの権利条約 12 条等）。児童福祉施設のうち，児童養護施設を利用する場合には措置制度によることとなるが，措置制度は，利用者が施設やサービスを選択するのではなく地方自治体や児童相談所などの公的機関がサービスの必要性や内容を判断するため，利用者がサービスの選択をする手続きは保障されておらず，その意向を反映させにくい[注18)]。その対象が児童の場合，とりわけ，児童虐待等に伴う一時保護などの場合に，問題となり得るであろう。さまざまな社会福祉ニーズを有する者が地域生活を送るためには，支給決定過程への当事者の参画・協議の保障を行うことが不可欠である。

〉〉注記

注１）大野直之（全国障害者介護保障協議会）「24 時間 365 日のつきっきりも実現する　あなたの知らない重度訪問介護の世界―第 1 回（全 6 回）　重度訪問介護の制度ってなんだ―」『訪問看護と介護』医学書院，2020 年 1 月号 72-75 頁。

注２）東京新聞 2022 年 4 月 13 日（https://www.tokyo-np.co.jp/article/171386）（最終閲覧日 2023 年 8 月 30 日）。

注３）原田啓一郎「判批」季刊社会保障研究 47 巻 3 号，2011 年，327 頁。冒頭の事例以外にも，一人暮らしをするために 24 時間介護を求める訴訟（例えば石田訴訟）が提起されている。

注４）中川純「24 時間介護における介護サービス支給量の判断基準」社会保障研究 Vol.2 No.4，540 頁。

注５）田代滉貴「社会法判例研究（第 60 回）（社会法判例研究会）」法政研究 81 巻 1・2 号，74 頁。

注 6）「介護給付費等の支給決定について」（平成 19 年 3 月 23 日障発第 0323002 号厚生労働省社会・援護局障害保健福祉部長通知）。

注 7）支給決定基準は,「審査基準」や「要綱」など，市町村ごとで名称が異なることがある（中川・前掲注 4，541 頁）。

注 8）中川・前掲注 4，541 頁。

注 9）池原毅和『障害者をめぐる法律相談ハンドブック』新日本法規，2020 年，3 頁。

注10）中川・前掲注 4，540 頁。

注11）野呂充，野口貴公美，飯島淳子，湊二郎『行政法』（有斐閣ストゥディア，2018）76-77 頁。

注12）長岡健太郎「【判例報告】和歌山石田訴訟・和歌山 ALS 訴訟」障害法第 2 号（日本障害法学会編）2018 年，142 頁。

注13）茨木尚子「市町村による障害者支援：ポスト障害者総合支援法の課題」社会保障研究　Vol.1 No.4，764 頁。

注14）「障害福祉分野の最近の動向」厚生労働省障害福祉サービス等報酬改定検討チーム第 6 回（R2.2.4）参考資料。

注15）笠木映里「労働判例評釈　重度障害者に対する訪問介護サービスの支給量決定と裁量規準」ジュリスト 1475 号，122 頁。

注16）中川・前掲注 4，543 頁。

注17）障害者自立支援法から改正された際に，文言が変わっている。障害者自立支援法では,「障害者及び障害児がその有する能力及び適性に応じ，自立した日常生活又は社会生活を営むことができるよう，必要な障害福祉サービスに係る給付その他の支援を行い，もって障害者及び障害児の福祉の増進を図るとともに，障害の有無にかかわらず国民が相互に人格と個性を尊重し安心して暮らすことのできる地域社会の実現に寄与することを目的とする。」とされていた。

注18）なお，2022 年の児童福祉法改正により，児童相談所等は入所措置や一時保護等の際に児童の最善の利益を考慮しつつ，児童の意見・意向を勘案して行うため，児童の意見聴取等の措置をとらなければならないとする規定が入った（児童福祉法 33 条の 3 の 3）（2024 年 4 月 1 日施行）。

参考文献

・椋野美智子・田中耕太郎『初めての社会保障〔第19版〕 福祉を学ぶ人へ』有斐閣 2022年

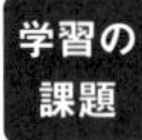

1. 社会福祉サービスの提供過程は，どのような仕組みになっているだろうか。障害者，高齢者，児童に関する制度についてそれぞれ調べてみよう。
2. 社会福祉サービスの提供過程における行政裁量にはどのような課題があるだろうか。また，利用者自身の自己決定を保障するにはどのような仕組みが必要なのか考えてみよう。

5　サービス提供と民事責任

脇野幸太郎

《**本章のねらい**》 現在の福祉サービスの多くは，利用者と事業者との間で締結される契約に基づいて提供されている。このようないわゆる福祉サービス利用契約とは，どのような特徴を持つ契約なのか。福祉サービス利用契約における契約当事者間の権利義務関係はどのようになっているのか。介護事故等の損害賠償請求事案における法律関係はどのようになっているのか。以上のような点について，事例等も踏まえつつ考察を行い，福祉サービス利用契約における民事責任について考える。

また，現在の社会福祉は，事業者や専門職としての職員だけでなく，ボランティアや地域住民など，多様な主体によって担われている。このような福祉の担い手の範囲は，現在進められている「地域包括ケアシステム」や「地域共生社会」，「重層的支援体制整備事業」といった取り組みのなかで，さらに拡大しつつある。このような人びとの法的な立ち位置についても，福祉サービス利用契約との比較の観点を踏まえつつ考察してみたい。

《**キーワード**》 福祉サービス利用契約，民事責任，共助の拡大

事 例

①　Aさん（78歳）は，介護保険の要介護認定で要介護5と判定され，社会福祉法人C会の運営する特別養護老人ホームD荘に入居することとなった。入居にあたっての契約手続きのため，AさんとB長女のBさんがD荘を訪れ，生活相談員から契約書や重要事項説明書といった書類に基づいて，契約内容について説明を受けた。Aさんは認知症などの症状はないものの，自分だけで説明の内容を十分理解することは困難だったため，契約内容の確認は主としてBさんが行い，契約書への署名捺印もBさんが代わりに行った。

②　D荘でのある日の昼食時のこと，Aさんは昼食のロールパンを誤嚥したことにより窒息を生じ，低酸素脳症に陥り死亡した。Aさんは誤嚥を引き起こしやすい状況だったため，食物を小さくちぎるなど必要な対応をしたうえで提供することになっていたが，当日食事介助にあたった介護職員がそのことを失念していたことが原因であった。
③　E県F町では，2008（平成20）年から，「介護保険における給付の適正化」および「介護予防を含む地域支援体制の確立」を目標に，介護予防に関するボランティアの養成，養成講座を終えたボランティアメンバーをはじめとする関係者・諸機関が連携し，介護予防の推進を図るための「介護予防推進連絡会」の創設，通所型・地域型・訪問型介護予防の活動などに取り組んでいる。これにより，全国よりも高水準にあった要介護認定率が大幅に低下するなどの効果がみられている。

事例のポイント

介護保険制度，障害者総合支援制度などに基づき福祉サービスを利用する場合，利用者とサービス提供事業者（事例①でいうとAさんと社会福祉法人C会）がサービス利用契約を締結し，その契約内容に基づいてサービス提供がなされることになる。

契約の締結によって，どのようなことが合意され，当事者双方にはどのような法律上の権利義務関係が生じるのであろうか。また，事例②のような，いわゆる介護事故が生じた場合，契約内容との関係上，誰がどのような責任を負うことになるのであろうか。事例③のようなボランティアの場合はどうであろうか。

1．福祉サービス利用と契約

（1）福祉サービス提供方式としての契約

現在の福祉サービスの諸制度（介護保険制度，障害者総合支援制度等）においては，原則として利用者とサービス提供事業者との契約関係に基づいてサービス提供が行われている。

かつての福祉サービスの諸制度においては，福祉サービス提供の法的枠組みとして，いわゆる「措置制度」が採用されていた[注1)]。措置制度とは，本人の福祉サービスの要否，サービスの種類や内容，提供機関などを行政機関が一方的に決定し，「措置」としてサービス提供を行う仕組みである。措置制度に基づく社会福祉の諸制度は，戦後順次整備されてきたものであるが，その後の社会状況の変化の中で多くの課題が指摘されるようになり，措置を前提としていた当時の社会福祉制度全般にわたる改革が求められるようになった。これが1980年代後半から順次実施された「社会福祉基礎構造改革」であり，この過程で，措置に代わるサービス提供の法的枠組みとして新たに採用されたのが契約方式である[注2)]。まず，1997年に制定され，2000年４月より実施された介護保険制度において本格的に導入された[注3)]。

それでは，なぜ「契約」だったのか。措置制度においても，契約においても，それぞれの当事者間に権利義務関係を中心とする何らかの法的な関係が形成されるという点では同じである。

しかし，そのプロセスや性質は全く異なっている。措置制度においては，行政機関が措置の内容（サービスの内容や量，提供事業者など）を，権限に基づいて一方的に決定し（これを「行政処分」という），利用者はその「反射的利益（行政処分の結果）」としてサービスを受けるにすぎない。これに対し契約は，当事者双方が対等な関係において契約内容について合意することによって成立する。当事者は，契約の相手を自由に選択することができ，契約内容も当事者双方の合意によって自由に決定することができる（契約自由の原則）。

福祉サービスの利用者からみれば，契約の相手方（＝サービス提供事業者）や契約内容（＝提供されるサービスの種類や内容）を自ら選択し，決定できるということになる。このように，利用者が主体的に福祉サービスを利用できる仕組みとして契約方式が採用されることとなった。

(2) 福祉サービス利用契約とその当事者

契約は，日常の買い物などをはじめとして，私たちのさまざまな生活場面において行われている最も身近な法律関係であり，その法理は，民法を中心とした諸法律により規定されている。

契約は，契約内容について当事者双方が合意することにより成立する。その際，当事者が契約の締結そのものや契約内容について理解・判断できる「能力」を有していることが前提となる。この能力には，「権利能力」（民法3条），「意思能力」（民法3条の2），「行為能力」（民法4条）の三つの段階があるとされているが，実務上特に問題となるのは意思能力と行為能力である。

意思能力は，自分の行為の結果を判断して有効に契約に関する意思表示ができる能力であり，一般に小学校低学年程度の精神能力とされている[注4)]。この能力を前提として，契約等の法律行為を有効に行う能力としての「行為能力」が18歳以上の成年に認められている。すなわち，18歳以上の成年は，自身の判断と責任で，自由に契約をはじめとする法律行為を行うことができる。しかし，この点，介護サービスなどの福祉サービス利用者に関してはどうであろうか。

この点については，①契約当事者としての福祉サービス利用者，②福祉サービス利用契約の内容という二つの視点からの検討が必要である。

まず①の点についてであるが，事例にもみられるとおり，福祉サービス利用者には，高齢者や障がい者など，複雑な契約内容を理解することが困難な人も少なくない。法律的にみると，成年に達しており行為能力を有するにもかかわらず，意思能力が低下，もしくは失われてしまっている状態[注5]で契約当事者とならなければならないということである。

こうした場合，本人のみでの契約締結は困難なので，本人の意思を代弁し，本人にとって適正な権利の実現を図る，いわゆるアドボカシー（権利擁護）のための仕組みが必要となる。その代表的なものが成年後見制度であるが，これについては章を改めて検討することとしたい[注6]。

次に②の点については，契約のもう一方の当事者である事業者側が，契約内容等について多くの情報を有するなど，契約締結にあたって圧倒的に優位な立場に立つことになる。この場合，利用者が契約内容の理解が十分でないまま，自己に不利益な内容の契約を締結してしまう可能性も排除できない。これは，福祉サービス利用者の特性に加えて，利用者が「消費者」という立場でもあるということに起因している。

商品やサービスについて事業者と消費者が締結する，いわゆる「消費者契約」においては，両者の有する情報の質や量，交渉力などに圧倒的な格差があるのが一般的である。そして，そのような立場にある消費者の利益を保護するために設けられているのが「消費者契約法」である。同法は，不当な勧誘による契約の取消しや不当な契約条項の無効等に関する規定のほか，消費者に不利益となる契約内容の規制等に関する規定を設けて，いわば「契約自由の原則」を破るかたちで消費者の保護を図っている。同法のこうした規定の射程は，消費者契約の一種である福祉サービス利用契約にも及び，それが契約内容に反映されることになる。次では，こうした点を踏まえた福祉サービス利用契約の契約内容や，それを可視化する契約書の実際について検討してみたい。

（3）契約書と契約内容

一般に，契約そのものは，契約内容に関する当事者双方の合意（意思表示の合致）があれば，口頭のみでも有効に成立する。

しかし，福祉サービス利用契約においては，それを口頭によるもののみとしてしまうと，契約内容や契約当事者の関係が不明確となり，サービス利用をめぐって苦情や紛争が生じた場合に，その適切な解決が図られなくなるおそれがある[注7]など，当事者双方に不利益の生じる可能性がある。そこで，社会福祉法は，契約の締結にあたって，サービス提供事業者に契約上の重要事項を記載した書面を遅滞なく交付する義務を課し（77条），これに違反した事業者は事業停止処分や許認可取消などの不利益処分（72条1項），さらには刑事罰（161条3号）の対象となる旨を定めて，福祉サービス提供契約における適切な契約内容およびその履行の確保を図っている。

これにより交付される書面，すなわち契約書に記載されなければならない「重要事項」とは，①当該社会福祉事業の経営者の名称及び主たる事務所の所在地，②当該社会福祉事業の経営者が提供する福祉サービスの内容，③利用者が支払うべき額，④その他（福祉サービスの開始年月日，苦情受付窓口）の4点である（社会福祉法77条1項1〜4号）。各サービス提供事業者は，これらを含む必要事項を記載した契約書を作成し，それを契約内容とする福祉サービス利用契約を利用者と締結する。

そうした福祉サービス利用契約書の実際であるが，特別養護老人ホームの利用契約書を例にとると，上記の「重要事項」を含め，以下のような条項を定めているものが多い：

・契約の目的（利用契約が双務有償契約であること）
・契約期間（契約満了日や契約の更新についてなど）に関する事項
・身元引受人に関する事項
・施設サービス計画の作成に関する事項
・事業者が提供するサービスの内容に関する事項
・身体拘束に関する事項

・要介護認定の申請に係る援助に関する事項
・サービス提供の記録に関する事項
・利用料金に関する事項
・契約の解除や終了に関する事項
・退所時の援助に関する事項
・守秘義務，個人情報の第三者提供に関する事項
・賠償責任に関する事項
・相談，苦情対応に関する事項
・残置物の引き取りに関する事項
・裁判管轄　など

事業者により差異はあるものの，特別養護老人ホームの契約書の場合，上記の事項はおおむねいずれにおいても定められている。

この際，利用者にとって不利益となる条項，一方的に事業者の利益のみを図ることを目的とする条項などは，民法や消費者契約法の規定により，たとえ契約書に定めがあっても無効となる。例えば，介護事故の発生を想定して，「事業者はいかなる理由があっても損害賠償責任を負わない」などとする条項（損害賠償の免責条項）は，消費者契約法の規定に反し無効である（8条）。また，上記に列記した契約条項のうち，例えば身元引受人に関する条項なども，内容によっては問題となりうる。例えば，「身元引受人が不在となった場合は，ただちに契約を解除する」といった旨の規定は，サービス利用における利用者の立場を不安定にするものとして認められないというべきであろう。

（4）契約に基づく当事者の権利義務関係

①契約により生じる義務（債務）

こうして締結された福祉サービス利用契約に基づいて，利用者と事業

者はそれぞれ，契約上の権利（債権）を手に入れるとともに，義務（債務）を負うことになる。事業者側の主たる債務はサービス計画で定められたサービスの提供，利用者側の債務は利用料金の支払いである。

当事者双方は，それぞれの債務を誠実に履行する義務を負う。特に，事業者が提供するサービスは，利用者の尊厳を守るにふさわしい，適正な質のものであることが求められる。

福祉サービスが最も不適正に提供されるケースとして考えられるのが，事例②のような，いわゆる介護事故の場合であろう。介護事故が生じた場合，契約上の債務との関係において誰がどのような責任を負うのか検討してみよう。

②介護事故における法的責任

介護事故の態様は多様であるが，高齢者福祉（介護）現場を例にとると，多いものから順に，転倒・転落・滑落[注8]，感染症（ノロウイルス，インフルエンザ，新型コロナウイルス感染症など），誤薬（薬の種類や量の誤り，服薬時間の誤り，服薬のさせ忘れ，服薬対象の取り違え等，服薬介護時のミス），接触事故，誤嚥事故，異食事故（食物以外のものを食べてしまう）などが起こっており，死亡事例も少なくない。介護サービス利用者の増加に伴って，介護事故やそれに伴う裁判例なども増加している[注9]とされており，いわゆる「介護リスクマネジメント」の問題として，対応が求められている。

介護事故が発生した場合に，介護職員や施設・事業者が負うべき法的責任には，①刑事責任（業務上過失致死傷罪［刑法 211 条］等），②行政上の責任（介護保険法上の指定事業者の指定の取消など，主として事業者に対する介護保険法上の制裁，および職員の専門職としての免許取消・業務停止［社会福祉士及び介護福祉士法 32 条 1 項，保健師助産師看護師法 14 条，15 条］など，主として職員個人に対する制裁），③民事責任（被害者たる利用者への損害賠償）の３つが考えられる。このうち①②については，極めて悪質性が高い事例でない限り，実際に問題となることは少ないと考えられる。現場でしばしば問題となるのは，③の民事責任，すなわち，事業者側や職員個人が，利用者や家族に対して損害賠償責任を負うかどうか，という問題である。

③介護事故における民事責任（損害賠償）

介護事故における民事責任は，主として（ア）債務不履行責任と（イ）不法行為責任の２つに分類することができる。（ア）は主に契約違反による責任，（イ）は契約関係にない当事者同士についての責任であるが，裁判など法実務上は，１つの事案について，この両方を請求根拠とするケースが多い。

（ア）債務不履行責任

事業者は，契約上，利用者に対し適正な内容のサービスを提供するという債務を負っている。介護事故が発生したということは，事業者側がその責務（債務）を果たさなかった（履行しなかった）ということになり，事業者側は，事故によって利用者側に生じた損害を賠償する責任を負う。これが契約上の債務不履行責任である。

この際，利用者と契約関係にあるのは事業者なので，債務不履行責任を負うのは事業者のみで，事故を起こした介護職員個人がこの責任を負うことはない。

また，債務不履行責任に基づく損害賠償責任が認められるためには，その事故が加害者（事業者）側の故意または過失によるものであることが必要である。この場合の過失とは，「損害の発生が予見でき，それを回避すべきであったにもかかわらず，不注意により回避しなかったこと」をいい，「注意義務違反」ともいう。その前提には，事業者は，債務の履行（サービス提供）にあたり利用者の生命・身体・財産の安全に配慮しなければならないという「安全配慮義務」の存在がある。事業者としての安全配慮義務があるにもかかわらず，それを怠ったという過失により事故が発生したと判断されるわけである。介護事故をめぐる裁判では，この過失（注意義務）の有無や程度が問題となることが多い。

（イ）不法行為責任と使用者責任

債務不履行責任が当事者間の契約関係の存在を前提とするのに対し，契約関係に基づく債権債務関係の有無にかかわらず，「故意又は過失によって他人の権利又は法律上保護される利益を侵害した」（民法709条）場合に成立するのが不法行為責任である。例えば交通事故により被害者に損害を生じさせた場合などが典型例であるが，介護事故においても不法行為責任は成立しうる。

不法行為責任は，債務不履行責任と異なり，契約関係を前提としないため，利用者と事業者の間だけでなく，事故を起こした職員個人との間でも成立しうる。しかし，実際には，損害賠償における負担能力の関係などから，故意の場合はともかく，職員個人に過失があった場合でも，その不法行為責任が認められるケースは少ない。仮に認められた場合でも，職員個人では経済的な負担能力が低く，損害賠償責任を全うできないケースも多い。

そのため，介護事故の事案では，事業者側への不法行為責任の追及は，「使用者責任」（民法715条）によることが多い。使用者責任とは，事業のために他人を使用する者（使用者＝事業者）が，被用者（職員）がその事業の執行について第三者に加えた損害を賠償する責任のことをいう（同条1項）。この場合，発生した介護事故に関し，職員が不法行為責任を負うことが前提となる。冒頭の事例②は，実際の裁判例[注10)]を参考に創作したものであるが，当該裁判例においては，当該職員の不法行為責任とともに，事業者の使用者責任に基づく損害賠償が認められている。

（ウ）工作物責任

事業者の施設の設備や構造に瑕疵（キズ＝不具合）があり，それが原因で介護事故が生じた場合，事業者の「工作物責任」（民法717条１項）が問題となることがある。民法717条１項は「土地の工作物の設置又は保存に瑕疵があることによって他人に損害を生じたときは，その工作物の占有者は，被害者に対してその損害を賠償する責任を負う」と規定し，この場合の「設置又は保存に瑕疵がある」場合とは，その物（建造物，設備等）が通常有しているべき安全性を欠いていることをいうものとされている。設備の瑕疵による介護事故においては，工作物責任と並んで上述の安全配慮義務違反が問題となる場合が多いと考えられるが，安全配慮義務違反については，事業者側の故意または過失の存在が要件とされるのに対し，工作物責任においては過失の有無は問題とならない（無過失責任）点が異なる。

2.「共助の拡大」と当事者間の法律関係・民事責任

（１）求められる「注意義務」「安全配慮義務」の程度

上記１では，介護保険制度，障害者総合支援制度など，福祉サービス提供に係る公的な制度の存在を前提に，そこにおける当事者（利用者，サービス提供事業者）間の法律関係や民事責任について検討した。その際基本となるのは当事者間の契約関係であり，当事者双方，特に事業者側には，契約上の債務（サービス提供）の内容としての注意義務，特に安全配慮義務が強く求められる。この場合に求められているのは，福祉サービス提供事業者やその職員，すなわち専門職者としての安全配慮義務であり，例えば介護の専門職ではない家族が高齢の親などに対して行う，いわゆる「素人」による介護の場合とは，求められる注意義務（配慮）の程度もおのずと異なる。

この際，福祉サービス提供事業者がどの程度の注意義務を負うのかという点について，必ずしも統一的な基準が存在するわけではないが，医療領域では，いわゆる医療過誤に関する裁判例において，注意義務の基準となるべきものは，「診療当時のいわゆる臨床医学の実践における医療水準」であると判示したものがあり[注11)]，介護をはじめとする福祉サービスにも基本的にこの考え方が妥当することになると考えられる。この場合，福祉サービス提供事業者として，通常講じておくべき介護事故などのリスク回避のための取り組みや対策が講じられていたかどうかが，具体的な事案に即して判断されることになる。

ところで，上記1では，このような福祉サービスの担い手が，それを専門に行う福祉サービス提供事業者であることが前提であったが，現在では，高齢化や少子化，人口減少，家族形態の変化や地域社会の変容などを背景として，「地域包括ケアシステムの構築」や「地域共生社会の実現」，「重層的支援体制の整備」に向けた取り組みが推進されている。

その詳細については別の章で検討するが[注12)]，これらに共通するのは「地域住民の参画と協働により，誰もが支え合う共生社会の実現」[注13)]という考え方である。そこでは，従来の「支え手・受け手」という関係を超えて，地域住民が相互に支えあい，やがては「人と資源が循環し，地域社会の持続的発展の実現」（原文ママ）[注14)]が目指されるとされる。

このような地域社会が実現される場合，その中での「支え合い」の形態，もしくは住民相互の関係性はきわめて多様なものとなることが予測される。結果として，従来主として「専門職」によって担われてきた福祉サービスが，種類や内容によっては，地域住民が相互に支えあうかたちで提供されるケースも増えてくるものと考えられる。冒頭の事例③は，その先駆的な事例といえるだろう[注15)]。

このような，「共助の拡大」ともいえる状況の中で，検討されなければならない新たな課題も現出してきている。特に本章のテーマとの関係では,「支え合い」の関係の中での両者の法的な関係, 特に事故などのトラブルが生じた場合の責任関係のあり方などが検討されなければならない。最後にこのような問題について検討しておこう。

(２)「共助の拡大」における当事者の法律関係・民事責任

①ボランティアの法律関係

福祉の重要な担い手として, ボランティアという存在がある。ここでは主に, ボランティア活動中に何らかの事故や, それによる損害が生じた場合の法的責任の観点から, ボランティアの法律関係について検討してみたい。

ただ, ボランティアの活動内容や活動形態は多種多様であり, ボランティアについて明確な定義を行うことは難しい[注16)]。また, ボランティア（を行う個人や団体・法人）とその対象者（ボランティア活動による受益者）との法律関係をどう見るかについては学説上争いがある。

学説上多くみられるのは, ボランティア活動が主として主として役務[注17)]の提供を内容とすることから, それを目的（内容）とする契約関係（準委任契約）により当事者の関係を把握しようとするものである[注18)]。これに対し, 確かに, そのように把握される場面も存在するものの, ボランティア活動はボランティアと受益者の双方が複数名であることが多く, そのすべてを（準）委任という個別の合意に基づく契約関係として理解することには無理があるとする見解も有力に主張されている[注19)]。この場合, ボランティアにより他者に何らかの損害が生じた際の法的責任の追及は, 主として不法行為責任によることになる。

②ボランティアの法的責任（民事責任）

そこで, 実際のボランティア活動の場面で, ボランティアの法的責任がどのように扱われてきたのか，過去の実際の裁判例をもとに検討してみよう。

ボランティアの法的責任をめぐる裁判例の歴史は意外に古く，その嚆矢とされているのが，1976 年，地域の子供会のハイキング行事の際，参加児童が川で溺死した事故について，児童の両親が引率者らに対し損害賠償を求めた事案[注20)]である。判決は，児童の自主的活動である本件ハイキング活動に対し，引率者らが「社会的経験を積み思慮分別のある大人としての引率者において後見的に指導監督し，特に，児童らの身体・生命が重大な危険にさらされることのないように配慮することが必要であることは否定できないし，将（まさ）にそれが引率者の役目であるともいえる」として，引率者らに過失による注意義務違反があったとして，不法行為責任による損害賠償を認定している。ただし，本判決ではその後に，子供の自主的活動を中心とする子供会活動において法益侵害（損害の発生等）の結果が生じた場合，その違法性の程度は，例えば旅行業者が実施するハイキングツアーなどに比して著しく低いとして，引率者らの損害賠償の負担の縮減を図っている。

その後も，本件と類似の「好意」「無償」のボランティアの行為による人身事故に関する判例は数多く出されているが，その多くが基本的にボランティアの不法行為責任とそれに基づく損害賠償を認定している。

これに対し，より福祉的なボランティア活動における法的責任が争われた事案として，東京地裁判決平成 10 年 7 月 28 日（判例時報 1665 号 84 頁）がある。本件では，社会福祉協議会 G が，同会が運営するボランティアセンターに登録していたボランティア H を身体障害者 I に派遣し，H が I の歩行介護を行っている間に，C が転倒し足を骨折したという事案において，G および B の損害賠償責任が争われた。判決は，まず G について，

・ボランティアセンターに登録したボランティアは，ボランティアセンターに対する義務としてボランティア活動を行っているわけではなく，Gとボランティアの間に契約関係など何らかの法律関係が生じるものではない。

・Gとボランティア派遣依頼者との間にも，ボランティア活動を債務の内容とするような準委任契約は成立していない（成立するとなると，登録ボランティアに対し，依頼の趣旨に従った活動をすることを義務づけなくてはならないが，それはボランティア活動の本旨に合致しない）。

として，Gへの損害賠償請求を失当とした。また，Hの責任についても，

・素人であるボランティアに対して医療専門家のような介護を期待することはできない。

・歩行介護を行うボランティアには，障害者の身を案ずる身内の人間が行う程度の誠実さをもって通常人であれば尽くすべき注意義務が要求されているというべきである。

としたうえで，Hはその注意義務を尽くしており過失はなかったとして，損害賠償責任を否定した。

これら2件の裁判例の結論は，一見対極的のようにもみえるが，両者の根底にあるのは，不法行為責任の前提となる注意義務の程度を，事案に即してどのように判断するかという問題である。先の子供会の事案からすると，「ボランティア」や「素人」であっても，求められる注意義務の程度は必ずしも低いとはいえないという点に留意が必要であろう。

今後「地域共生社会の実現」といった地域住民による相互扶助や支え合いを基軸とした地域社会の実現が目指される過程で，住民相互の多様な関係性の現出が予測される。ボランティア活動にしても，行政が主体となって行われる活動，学校教育の一環として児童や生徒，学生により行われる活動，NPO法人などのボランティア団体により行われる活動

(近時では，特に「子ども食堂」などの地域活動など)，上記のように社会福祉協議会のボランティアセンター等によりボランティア派遣や紹介のかたちで行われる活動，純粋に住民相互の好意や支え合いによる活動（例えば買い物の支援等）など，従来の「ボランティア活動」の枠を越えた，多様な形態のものが現れてくることが考えられる。

その際，住民どうしが互いの信頼関係のもと，安心して支え合うことのできる社会の実現を目指すうえでは，その中での法的責任のあり方という現実的な課題についても，さらなる検討が求められることになるだろう。

〉〉注記

注１）措置制度については第３章１（1）も参照。

注２）そのため，当時の社会福祉基礎構造改革を象徴して「措置から契約へ」という標語が盛んに用いられたが，改革によってすべての社会福祉制度が契約制度へ移行したわけではなく，制度によっては措置制度も残されている点にも留意が必要である。

注３）ただし，介護保険法自体には，「契約」という文言は一切用いられておらず，法律の構成上，結果的に契約に基づいてサービス提供が行われるという仕組みになっている。なお，社会福祉法においては「福祉サービスを利用するための契約」(77 条１項）として契約に基づく福祉サービス利用を前提とした規定が設けられている。

注４）例えば，金銭の意味や価値，買い物の意味などを理解できる能力である。

注５）一般にこの状態を「判断能力」の低下・喪失という場合が多い。本章でも以下では「判断能力」という用語を用いることとする。

注６）この点については第 12 章参照。

注７）社会福祉法令研究会編集『新版　社会福祉法の解説』中央法規（2022 年）545～546 頁。

注８）2017（平成 29）年の調査研究では，施設における介護事故のうち「転倒・転落・滑落」が全体の 65.1％を占めている（「平成 29 年度老人保健事業推進費

等補助金　老人保健健康増進等事業『介護サービスの利用に係る事故の防止に関する調査研究事業』報告書」(公益財団法人　介護労働安定センター・2018) 3頁)。

注９) 現在，厚生労働省令では，介護事故が発生した場合，事業者に市区町村への報告を義務づけている。そのため，全国レベルでの介護事故の実態が正確に把握されていなかったが，現在，事業者から市区町村を通じて，国へ介護事故の報告を義務づけ，事故に関するデータを蓄積する仕組みの運用を2024年度から開始する方向で検討が進められている(「読売新聞」2022年12月29日付)。

注10) 鹿児島地方裁判所判決平成29年3月28日 (LLI/DB 判例秘書)。

注11) 最高裁判所判決昭和57年3月30日。

注12) 第12章参照。

注13) 厚生労働省「誰もが支え合う地域の構築に向けた福祉サービスの実現―新たな時代に対応した福祉の提供ビジョン―」(2015年) 2頁。

注14) 厚生労働省「地域共生社会のポータルサイト」
https://www.mhlw.go.jp/kyouseisyakaiportal/keii/ (2023年3月21日閲覧)。

注15) もちろん，これによって，従来専門職によって担われてきた福祉サービスが意味や役割を失うということではなく，今後はこのように公的な形で提供されるサービスと，「支え合い」や「共助」の形で行われるものとを，いかにして有機的に連携させ，相互の長所を生かしつつ機能させていくかが重要となってこよう。事例③のB町でも，養成講座を終えたボランティアと専門職とが相互に関与しあうかたちで取り組みが推進されている。

注16) 厚生労働省のホームページでは，「自発的な意志に基づく自主的な活動」とされている (厚生労働省ホームページ「ボランティア活動」
https://www.mhlw.go.jp/stf/seisakunitsuite/bunya/hukushi_kaigo/seikatsuhogo/volunteer/index.html　2023年3月24日閲覧)。

注17) 他人のため種々の労務や便益を提供することをいい，英語のserviceにあたる。

注18) 例えば，大村敦志「無償行為論の再検討へ―現代におけるその位置づけを中心に―」『広中俊雄先生傘寿記念　法の生成と民法の体系』創文社 (2006年) 45頁。

注19) 田中謙一「事務管理制度とボランティア活動 (2・完)」亜細亜法学54巻1号 (2019年) 54頁。

注20）津地方裁判所判決昭和 58 年 4 月 21 日判時 1083 号 134 頁。なお，この事件で引率者の刑事責任が問われた刑事裁判では，1 審と 2 審で判断が分かれたが，引率者を無罪とした高裁判決（名古屋高裁判決昭和 59 年 2 月 28 日判例タイムズ 521 号 116 号）が確定している。

参考文献

・有住淑子「ボランティア活動と法的責任」予防時報 221 号 14 頁
・新井誠・秋元美世・本沢巳代子編著『福祉契約と利用者の権利擁護』日本加除出版　2006 年
・増田雅暢・菊池馨実編『介護リスクマネジメント―サービスの質の向上と信頼関係の構築のために』旬報社　2003 年
・三輪まどか『契約者としての高齢者』信山社　2019 年

学習の課題

1. なぜ福祉サービス利用の法的な仕組みとして「契約制度」が導入されたのか，まとめてみよう。
2. 介護事故の際，サービスを提供する側（事業者，職員）が負う民事上の責任についてまとめてみよう。

6　現代の貧困と公的扶助

廣田久美子

《本章のねらい》 生活保護制度における補足性の原理を取り上げ，現代の貧困問題と公的扶助の課題について，事例を通じて学ぶ。また，地域社会からの孤立の状況などからの自立を支援する生活困窮者支援制度の機能や課題についても取り上げる。
《キーワード》 生存権，補足性の原理，生活困窮者自立支援

事 例

生活保護を受給中であった高齢のAさんは，骨増殖症等による体幹機能障害のため移動には車いすを必要とする身体障害者手帳2級を所持していた。夫のBさんは，当時障害者の認定は受けていなかったものの病気のため数百メートル以上は歩くことができない状態であった。Aさんは，診察やリハビリのため，自らが手術を受けて以降通院しているC病院（自宅から約15キロメートル離れている）にBさんの運転で通院していた。保有車両は約25万キロ走行していた老朽した軽ワゴン車であり，処分価値のないものであった。

処分行政庁（K市福祉事務所）は，自宅近くのD病院（自宅から約1キロ）でも同じリハビリ等は可能であり，D病院に転院すればタクシー等で通院が可能であるとして転院して車を処分するよう求めたが，Aさん夫妻はD病院で以前誤診され症状が悪化したことがあり，C病院で正確な診断による手術を受けたことから，C病院への信頼は厚く，D病院への転院は考えられなかった。また，Aさん夫妻にとって車は日常生活の上で必需品であったことから処分に従わなかったところ，処分行政庁は指導指示違反を理由にAさんの世帯の保護を約8カ月にわたり停止した。このため，Aさん夫妻は，保護の停止処分の取消しと損害賠償を求めて提訴した。
（福岡地方裁判所判決平成21年5月29日賃金と社会保障1499号29頁）

事例のポイント

生活保護を受給している高齢で障害のあるAさんは，通院のため自動車を保有していたが，近くの病院へ転院して自動車の処分をするよう，処分行政庁から指示をされた。しかし，Aさんがそれに従わなかったために，生活保護を停止された。Aさんは，生活保護を受給するために，自動車を処分しなければならないのだろうか。

1．生活保護と自動車の保有

生活保護における自動車をめぐる裁判例としては，主に保有を理由とした保護廃止あるいは停止の是非が問われてきた。例えば，1990年代には，母子世帯において知人から自動車を借用したことを理由に，保護廃止の是非を争った増永訴訟[注1)]，2000年代には障害のある妻の通院のための夫による，処分価値がない自動車保有により保護停止の是非を争った峰川訴訟[注2)]，処分価値がある自動車保有を理由に保護申請却下処分の是非を争った事件[注3)]，事業用のための自動車保有について争った京都増収指示訴訟[注4)]がある。一連の判決の枠組みは，自動車保有を制限する取扱いに「一応の合理性」を認め，保護利用者の特段の事情を考慮し，自動車保有を認めるかどうかを検討するものである（結果的に，自動車保有を認める判断が続いている）[注5)]。

現在，自家用自動車台数は全国で6千万台を超え（2018年1月現在），一般世帯の自動車の保有率は2人以上の世帯でも79％に達している[注6)]。これは自動車が生活用品として一般化していることを示しており，生活保護世帯など低所得世帯にとっても同様であると思われる。例えば，就労先への通勤や，ひとり親が子どもを保育所に預け就労する場合の保育所への送迎と通勤等を考慮しただけでもその必要性は明らかだろう。特に公共交通機関の衰退が著しい地方に行くほど，自動車の必要性は高まる。しかし，現行の行政運用は，原則として生活保護世帯に自動車の保有や使用を認めていない。後に見るように，例外的に，事業用で保有する場合，身体障害者の通院，通学，通所や，交通不便な地域への通勤に保有する場合，公共交通機関で通える保育所への転入所が適当ではない場合，就労自立の見込みがある場合の期間を限定した保有（最大1年間）等の場合に認められているに過ぎない[注7]。訴訟においては自動車の必要性が高い身体障害者の自動車保有をめぐって争いになっており，冒頭の事例においても，Aさん夫妻に自動車の保有を認められる事情があったのか（自動車による通院が必要であったのか），という点が争点の一つとなっていた。

以下では，この論点を念頭に置きながら，生活保護制度がどのような考え方で運用されているのかということと，併せて，生活保護を利用する前の制度として想定されている生活困窮者自立支援制度がどのような制度なのかについて概観しよう。

2. 生活保護制度の現状

厚生労働省によると，相対的貧困率（一定基準（貧困線）を下回る等価可処分所得しか得ていない者の割合）は15.4％で，近年はやや減少傾向にある[注8]。

生活保護制度を利用している人は約206万人，保護率は1.64％，保護世帯数は約163万世帯である[注9]。被保護人員・率とも過去最高であった2015年度から，近年は減少に転じている（図6-2）。

一方，捕捉率（生活保護基準以下の所得の世帯のうち現に生活保護を受けている世帯の率）は，おおむね20％程度とされている。資産（預貯金1か月以上を除外）を考慮した場合でも43.3％（国民生活基礎調査）

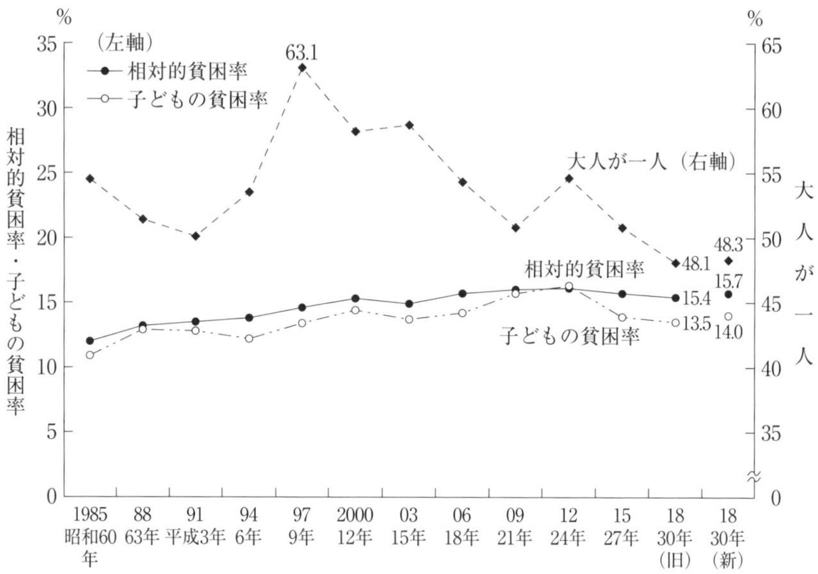

注：1）1994（平成6）年の数値は，兵庫県を除いたものである。
2）2015（平成27）年の数値は，熊本県を除いたものである。
3）2018（平成30）年の「新基準」は，2015年に改定されたOECDの所得定義の新たな基準で，従来の可処分所得から更に「自動車税・軽自動車税・自動車重量税」，「企業年金の掛金」及び「仕送り額」を差し引いたものである。
4）貧困率は，OECDの作成基準に基づいて算出している。
5）大人とは18歳以上の者，子どもとは17歳以下の者をいい，現役世帯とは世帯主が18歳以上65歳未満の世帯をいう。
6）等価可処分所得金額不詳の世帯員は除く。

出典：厚生労働省「2019 年国民生活基礎調査の概況」14 頁

図 6-1　貧困率の年次推移

であることから，6～8 割の受給漏れがあるとの指摘がある[注10]。

3. 生活保護法に基づく生活保護制度

公的扶助は，英語の Public Assistance の訳語であり，日本では，生活保護制度を中心として，生活困窮者自立支援法や，児童扶養手当等の低

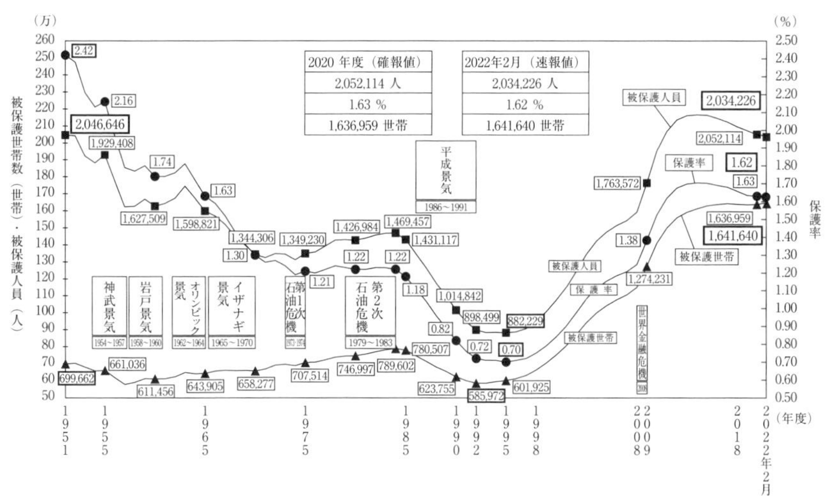

出典：厚生労働省『令和4年版厚生労働白書』272頁

図 6-2　非保護人員・保護率・非保護世帯数の年次推移

所得者向けの社会手当も含まれる。このうち，生活保護とは，生活保護法に基づく制度であり，「健康で文化的な最低限度の生活」（憲法25条）を具体的に保障する制度である。

（1）生活保護の諸原理

生活保護法では，国家責任の原理（生活保護法1条），無差別平等の原理（2条），最低生活保障の原理（3条），保護の補足性の原理（4条）の4つの基本原理を定めている。基本原理は，いかなる場合も変更のできない，生活保護の根幹をなす法理であり，生活保護法の解釈および運用は，すべてこの原理に基づいてなされなければならない。

国家責任の原理は，生活保護法による保護が，国の直接の責任において実施されなければならない旨を示したものであり，憲法25条の生存権規定を直接の根拠とするものである。

無差別平等の原理は，「すべて国民は，この法律の定める要件を満たす限り，この法律による保護を，無差別平等に受けることができる」と定められているものである。生活保護法の前身である救護法や旧生活保護法では素行不良な者などは保護を行わないとしていた欠格条項が設けられていたのに対し，現在の生活保護法では，生活困窮に陥った要因を問わず，保護は生活に困窮しているという生活状態のみに着目して行われなければならず，年齢，性別，社会的身分などによる差別的な取扱いも一切認められない。

最低生活保障の原理は，「この法律により保障される最低限度の生活は，健康で文化的な生活水準を維持することができるものでなければならない」と定められているものである。これは，生活保護法が憲法25条で保障された生存権の理念を具体化するための制度であることを改めて確認したものであり，その生活水準は，かろうじて生物的な生存を維持し得るような程度のものであってはならず，あくまで「健康で文化的な」生活を維持できるものでなければならない。

保護の補足性の原理については，次項で詳しくみていくことにしよう。

(2) 保護の補足性の原理

生活保護法4条は，「保護は，生活に困窮する者が，その利用し得る資産，能力その他あらゆるものを，その最低限度の生活の維持に活用することを要件として行われる」と定め，まず国民に生活上の自助努力を求め，それを保護を受けるにあたっての要件としている。この自助努力に該当するのが「資産，能力，その他あらゆるもの」の「活用」であり，これを適切に行わない限り，保護を受けることができない。裏を返せば，これらの自助努力を尽くしても，なお最低限度の生活を維持できない場合には，その不足分を補う（補足する）限度において保護が行われるということである。

ここでいう「資産」には，要保護者が保有する現金や預貯金などの金銭はもちろん，不動産，自動車，貯蓄性の高い保険，貴金属，債券（株式等）など，およそ換金可能なものがすべて含まれる。保護を受けるよりも先に，お金があればそれを使い，その他の物品等であれば換金して生活費に充てることになる。しかし，「活用」のために本当にすべての資産を処分して丸裸の状態になってしまったのでは，逆に最低限度の生活すら維持できなくなってしまう。そこで，保護に際しても，最低限度の生活の維持に必要な一定の資産については保有が認められている。

保有を認められる資産の範囲については，①その資産が現実に最低限度の生活維持のために活用されており，かつ，処分するよりも保有している方が生活維持及び自立の助長に実効があがっているもの，②現在活用されてはいないが，近い将来において活用されることがほぼ確実であって，かつ処分するよりも保有している方が生活維持に実効があがると認められるもの，③処分することができないか，又は著しく困難なもの，④売却代金よりも売却に要する経費が高いもの，⑤社会通念上処分させることを適当としないもの，となっている（「生活保護法による保護の実施要領について」（昭和 36 年４月１日厚生省発社第 123 号厚生事務次官通知）。

さらに具体的にみると，自動車については保有も運転も原則として制限されているが，概ね６か月以内（さらに６か月延長可）に就労により保護から脱却することが確実に見込まれる場合には通勤用自動車の処分指導はされないとされている。

なお，国は，通知で，「緊急事態措置期間経過後に収入が増加すると考えられる場合で，通勤用自動車を保有しているときは」これに準じることとし，処分指導を留保する場合や期間を柔軟に判断することを求めていたが，コロナ禍の長期化に伴い，2020 年 4 月 7 日以降に保護を開始した世帯については，保護開始から概ね 1 年を経過した場合であっても，処分指導を行わなくてもよいとの通知が出された[注11)]。

(3) 受給手続

1) 受付・相談，申請

生活保護を受給するためには，原則として，生活に困窮する方や，その扶養義務者ないし同居の親族が福祉事務所に申請（保護開始申請）をすることが必要となる（申請保護の原則）。そのために，まず福祉事務所で受付及び相談をすることになる。この相談は，特に法的に位置づけられたものではないものの，相談者の状況を把握し，生活保護が必要かどうかの情報収集を行う上で，実務上重要なものとされる。

申請には，通常，実施機関の定めた様式の申請書を提出することになっているが，必ずしも定められた方法により行われなければならない要式行為ではなく，申請の意思が明確であれば，口頭による申請なども認められると解されている。

なお，2013 年の法改正において，保護の開始を申請する者は，必要事項を記載した申請書その他必要な書類を実施機関に提出しなければならない旨の規定が設けられた（法 24 条 1 項・2 項）が，特別の事情がある場合にはこの限りでないとされ（同条 1 項但書），実務上も上記の通りである。

2) 資産調査（ミーンズテスト）

保護の補足性の原理に基づき，ケースワーカーが申請者宅等を訪問して，預貯金や不動産をはじめとする利用しうる資産の状況，稼働能力の有無，他の法律・制度の利用可能性，親族関係における扶養の可能性等について調査を行う。この調査の根拠規定は，法 28 条の「報告，調査及び検診」，および法 29 条の「資料の提供等」に求められる。

3）要否判定

資産調査の結果と，保護基準に基づく当該世帯の最低生活費とを比較し，当該世帯の保護の要否判定が行われる。保護が必要と判断されれば保護開始決定が，保護が不要と判断されれば申請却下決定が，実施機関の長によってなされ，その結果が申請者に通知される。結果の通知は，申請から 14 日以内（資産調査に日時を要する場合その他特別な理由がある場合は 30 日以内）に書面で行われなければならない（24 条 3 項・5 項）。30 日以内に通知がない場合，申請者は申請が却下されたものとみなすことができる（同条 7 項）。

4）保護の程度の判定・決定と保護費の支給

保護開始決定がなされた世帯には，保護の補足性の原理と基準及び程度の原則に基づき，資産調査の結果と最低生活費とを比較して，当該世帯の収入の不足分を補う程度において保護費の支給が行われる。

保護費の決定には，収入に対していくら不足しているかという点と，その不足分をどのような費目・内容で補うかが重要となる。この点，生活保護法には，個々の世帯の生活状況を保護に適切に反映させるため，最低限度の生活の維持に必要な 8 種類の扶助を適宜組み合わせて，保護の程度が決定され，これに基づき保護費の支給が行われる。

（4）生活保護基準

生活保護基準は，生活保護法 8 条で規定されている厚生労働大臣が定めることになっているものであり，国民にどの程度の生活水準を国家が保障しているのかの，いわばナショナル・ミニマムとしての機能を有する。また，この基準は憲法25条で規定する健康で文化的な最低限度の生活水準でなければならないから，単に生理的生存が可能な水準ではなく，人間としての尊厳と体裁が維持できる社会的・文化的生活が充足される水準でなければならない。

具体的な最低限度の生活に必要な金額の算定にあたっては，8種類の扶助（生活扶助，教育扶助，住宅扶助，介護扶助，医療扶助，出産扶助，生業扶助，葬祭扶助）について，それぞれ基準が定められている。このうち，被保護者の日常生活の需要を満たすための扶助の種類である「生活扶助」の基準についてみると，基準生活費は，個人を単位として年齢別に計上される第1類（飲食物費，被服費などの個人的経費）と，世帯を単位として世帯人員別に計上される第2類（水光熱費，家具什器費などの世帯共通的経費の合計で算定される。これに加算（妊産婦，障害者，介護施設入所者，在宅患者，放射線障害者，児童養育，介護保険料，母子）がなされる。この他，最低生活費に必要不可欠な物資を欠いていると認められる場合であって，それらの物を支給しなければならない緊急やむを得ない場合に限り，一時扶助が支給される。

4．事例における裁判所の判断

裁判所は，自動車の保有に関しては，所得階層間で差があり，特に低所得者層にとっては，自動車は依然として高価品であると言わざるを得ず，高齢者や身体障害者については，公共交通機関の割引制度や介護，ヘルパー等といった様々な社会福祉制度が設けられていることから，自動車の利用が高齢者や身体障害者によって一般的に不可欠であるとまではいえないとした。しかし，医療行為は人の生命身体に関わる重要なものであるから，本来，患者は，どの病院において，どのような治療，リハビリ等の医療行為を受けるかについて，自ら選択し決定する権利を有するとして，その者が通院を希望する病院が同人の住居から最寄りの病院ではなかったとしても，それが合理的といえる距離の範囲内に存在し，かつ，当該病院への通勤の希望が合理的な理由に基づくものであれば，当該希望は尊重されなければならないとした。そして，自動車の所有を容認すべきであったにもかかわらず，本件自動車の所有は認められないと判断して本件指示をしたのであるから，本件指示及びこれを前提とした本件処分は違法であるとして取消しを免れないと判示した。

5. 生活困窮者自立支援法の機能と課題

近年,「子どもの貧困」などが問題となっているように，貧困問題の解決は引き続き地域社会の中心的課題であり，生活保護が担うべき課題はますます重要性を増してきている[注12)]。しかし，生活困窮者のなかには，福祉的な支援を必要としながらも，さまざまな事情から生活保護を受けられないでいる者が少なくないことは，低い捕捉率が示すとおりである。なかには，生活保護を利用せずとも，就労や家計のやりくり，住宅の確保，学習などの支援で貧困な状況から脱することができる，あるいは貧困の連鎖を断ち切れる者もいるであろう。そのようなさまざまな困窮リスクを抱えた者に対するいわゆる第二のセーフティネットとして，生活困窮者自立支援法が 2013 年に制定，2015 年に施行された（ちなみに，この場合，第一のセーフティネットはあらかじめ想定された生活困難に対応する役割を果たす社会保険であり，最後のセーフティネットが生活保護である)。

生活困窮者自立支援法は，生活保護に至る前段階で総合的・重層的な支援により生活困窮者の自立を促進する（1 条）とともに相互に支えあう地域づくりを目指すものである。そこで，基本理念として①生活困窮者の尊厳の保持（2条1項），②就労の状況，心身の状況，地域社会からの孤立といった生活困窮者個人の状況に応じた包括的・早期的な支援（同条同項），③地域における関係機関，民間団体との緊密な連携等支援体制の整備（生活困窮者支援を通じた地域共生社会の実現に向けた地域づくり）（同条2項）を宣明している。

制度の対象となる生活困窮者は「就労の状況，心身の状況，地域社会との関係性その他の事情により，現に経済的に困窮し，最低限度の生活を維持することができなくなる恐れのある者」（3条）と定義されている。その点では，生活保護の要保護者以外の生活困窮者が射程に置かれた制度である。ただし，定義上，所得要件等は規定されておらず，実際の対象者の範囲は事業ごとの規定により決められている[注13)]。

具体的な事業としては，必須事業として，生活困窮者に対する包括的な相談支援を行う自立支援事業，住居と就労機会の確保に向けた支援を行うことを目的とする住居確保給付金，自立相談支援事業と一体的に実施することが求められているものとして就労準備支援事業及び家計改善支援事業（以上は2018年法改正により努力義務化），任意事業として，一時生活支援事業，子どもに対して学習の援助を行う事業，都道府県知事等の認定による就労訓練事業が規定されている。

当初，生活困窮者自立支援制度は任意事業が多くを占めていたことから，自治体ごとの実施状況に大きな相違が生じていることが指摘されていたが，就労準備支援事業と家計改善支援事業については，上記の通り2018年法改正により努力義務化されたことで改善がみられるようになった（2022年度には実施率が8割を超える見通しとなっている[注14)]）。全体としては，表6-1のとおり，法施行後5年間で，新規相談受付件数が約116.5万件，プラン（自立支援計画）の作成による継続的な支援が行われた件数が約35万件，このうち就労・増収した者が約16.1万人い

表6-1　生活困窮者自立支援制度による支援実績

区分	新規相談受付件数	プラン作成件数	就労者数	増収者数	就労・増収者　計
平成27年度	226,411件	55,570件	21,465人	6,946人	28,411人
28年度	222,426件	66,892件	25,588人	7,199人	32,787人
29年度	229,685件	71,293件	25,332人	6,390人	31,722人
30年度	237,665件	77,265件	25,001人	9,031人	34,032人
令和元年度	248,398件	79,429件	25,212人	8,650人	33,862人
計	1,164,585件	350,449件	122,598人	38,216人	160,814人

出典：総務省行政評価局「生活困窮者の自立支援対策に関する行政評価・監視結果報告書」（令和4年4月）。

ることなどから，生活困窮状態を改善する一定の効果が現れていると評価することができる。

しかし，生活に困窮していても自ら積極的に相談に出向かない者もいるといった課題もあるほか，制度そのものについて，生活保護をはじめとする他制度や他機関との連携不足により，生活保障の仕組みとしては不十分であることや，効果的な支援・連携体制の構築に依然として課題があることが指摘されている[注15)]。また，困窮者に対する自立支援の展開は，生活保護世帯の増加を食い止め，保護費を抑制することに主眼を置いていたことから,「新たな水際作戦」として機能することも懸念されている[注16)]。生活保護の利用者の中にも，生活困窮者自立支援法に基づく事業による支援が必要とされるケースが多くみられることからも，対象者を縦割りで捉えるのではなく，両者（場合によっては，公債権徴収部門や公営住宅部門なども含まれよう）の連携を一層強化していく必要がある[注17)]。また，生活困窮者への個別の支援と，社会的排除や社会的孤立を生まない「地域づくり」をどのようにつないでいくかということについても，大きな課題となっている[注18)]。

6. まとめ

ここまで見てきたように，生活保護は最低限度の生活を下回る者に対して生存権を保障するための制度であるが，捕捉率は低く，さまざまな事情から生活保護を受けられないことがある。その一つの事情が自動車の保有をめぐる制限であり，公共交通機関が貧弱な地方では，生活保護を利用するか，自動車の利用を続けるかの選択を迫られるケースも少なくない。生活保護の目的である自立助長と，生活困窮者自立支援制度の目指す自立支援と地域づくりは，現に生活に困窮している世帯にとっては密接に関連している。過疎地域を含むさまざまな地域での生活を支えるという視点からは，生活保護を利用している人の自動車の保有や利用の具体的な取扱いが地域での生活にどのような影響を与えるかについて，踏み込んだ議論が必要である。

〉〉注記

注 1）福岡地方裁判所判決平成 10 年 5 月 26 日（判例時報 1678 号 72 頁）。

注 2）福岡地方裁判所判決平成 21 年 5 月 29 日（賃金と社会保障 1499 号 29 頁）。

注 3）大阪地方裁判所判決平成 23 年 10 月 28 日（判例地方自治 356 号 88 頁）。

注 4）京都地方裁判所判決平成 23 年 11 月 30 日（判例時報 2137 号 100 頁），大阪高等裁判所判決平成 24 年 11 月 9 日（判例地方自治 369 号 92 頁），最高裁判所判決平成 26 年 10 月 23 日（判例時報 2245 号 10 頁），差戻審大阪高等裁判所判決平成 26 年 10 月 23 日（判例時報 2245 号 10 頁）。

注 5）矢嶋里絵・田中明彦・石田道彦・高田清恵・鈴木静編著『社会保障裁判』ミネルヴァ書房　2021 年　53 頁（鈴木静執筆部分）。

注 6）内閣府「消費動向調査」2017 年主要耐久消費財普及率。

注 7）木下秀雄・吉永純・嶋田佳広編『判例生活保護』山吹書店　2020 年　64-70 頁（吉永純執筆部分）。

注 8）厚生労働省「2018 年国民生活基礎調査」。

注9）厚生労働省「被保護者調査（令和3年12月分概数）」。

注10）吉永純「『半福祉・半就労』と生活保障，生活保護」社会政策学会誌『社会政策』第11巻第1号13頁。

注11）「新型コロナウイルス感染症拡大の影響下の失業等により就労を中断している場合の通勤用自動車の取扱いについて」令和3年4月6日社援保発0406第2号厚生労働省社会・援護局保護課長通知。

注12）前掲注5），21頁（木下秀雄執筆部分）。

注13）伊奈川秀和『〈概観〉社会福祉法（第2版）』信山社　2020年　104-105頁。

注14）厚生労働省生活困窮者自立支援のあり方等に関する論点整理のための検討会（第1回）「生活困窮者自立支援制度の施行状況について」（令和3年10月25日）。

注15）櫻井純理「地方自治体による生活困窮者自立支援制度の実施における課題—大阪府枚方市の事例に基づいて—」立命館産業社会論集第52巻第3号19頁。

注16）増田雅暢・脇野幸太郎編『よくわかる公的扶助論』法律文化社　2020年116頁（濱畑芳和執筆部分）。

注17）日本弁護士連合会「生活困窮者自立支援法の見直しに向けた意見書」（2018年1月18日）4-5頁。

注18）林健太郎「生活困窮者自立支援における『個別支援』と“地域づくり”との接続—第一回北星学園大学社会福祉学部シンポジウム企画を契機として—」北星学園大学社会福祉学部北星論集第58号参照。

参考文献

・吉永純・布川日佐史・加美嘉史『現代の貧困と公的扶助』高菅出版　2018年

1. 生活保護法における補足性の原理と自動車の保有について，問題点をまとめてみよう。
2. 生活困窮者自立支援制度の特徴について，まとめてみよう。

7 子どもの権利と児童虐待防止法

平部康子

《**本章のねらい**》 子ども[注1)]は親や地域社会の支えを受けながら成長発達し，人格を形成していく。子どもが最初に拠り所とする家庭（親）は，子どもに保護と成長の機会を与える役割と責任を担っている一方で，家庭が困難を抱え込み親子関係に歪みが生じると，子どもに重大な被害を及ぼすことがある。親による保護を超えて，子どもの権利は誰がどのようにして守られるようになっているのか。本章では，児童虐待防止法を通じて，子どもの権利を守るための多層的な仕組みを学ぶ。

《**キーワード**》 子どもの権利条約，子どもの利益と親権，児童福祉法，児童虐待防止法

事例

Aさん（当時6歳）の火傷を治療した医師からの通告で，児童相談所の職員は，Aさんへの虐待を発見し，その母に対して措置によらない在宅指導を行った。その間，Aさんの母は職員と決めた面談の日を何度もキャンセルする，ペアレントトレーニングを勧めても参加しない等前向きな取り組みがあるとはいえなかったが，職員はAさんの祖母や保育園との連絡で，本人に痣などがないことを確認し，10か月後に在宅指導を終結させた。

その3年後，児童相談所は，町の福祉課から「母や預け先の祖母から言うことを聞かないといって髪をひっぱられる等の暴行を受ける，世話をしてもらえず自分と小さな妹を残して母がパチンコに行く」と10歳になったAさんが訴えていると電話を受けた。町の福祉課は要保護児童対策地域協議会の個別ケース検討会議を開催し，虐待が強く疑われるために児童相談所に一時保護を要望したが，児童相談所はより踏み込んで調査をして実績を積み重ねていくべきという方針をとり，一時保護の措置をとらなかった。

Aさんは翌年，支援者の助けを受けて，①児童相談所は在宅指導を継続すべきであったのにそれを怠り，②要保護児童対策地域協議会による情報提供は通告にあたるにもかかわらずAの安全確認を怠り一時保護をしなかったため，虐待が継続し精神的苦痛を被ったとして国家賠償法を求める訴えを裁判所に提起した。
（長崎地方裁判所平成28年10月14日判決・判例集未登載）

事例のポイント

児童虐待の予防，発見，介入，保護といった各段階で，法はそれぞれの目的に応じてどのような枠組みを作り，子どもの関係者にどのような権限や義務を課しているだろうか。本事例では，児童相談所が子どもの求めに応じず保護をしなかったため，子どもの身体の安全を確認すべき義務や一時保護をすべき義務の履行が果たされていないと子ども自らが訴えた。このような法的紛争となった場合，裁判所は児童福祉法や児童虐待防止法の定めをどのように解釈しているのだろうか。

1．児童虐待に対する法の役割

（1）民法による子どもの保護と「しつけ」

人は生まれたときから身体や人格について権利をもつものの，実際には一定の年齢に達していない子どもが自分の権利を適切に行使することは難しい。このため，子どもの権利の保護はまず親に委ねられている。親は子にとって最も密接な関係を持つ存在であり，子に対して継続的で親密な配慮をなしうる存在とされるからである。この関係について，わが国の民法は「親権を行う者は，子の利益のために子の監護及び教育を有する権利を有し，義務を負う」（民法820条）と定めている。つまり，親は子どもに対する養育の義務を負うとともに，他者との関係では，子どもの利益について第一義的に判断する権限が与えられ，国家が家庭における養育に対して不合理な干渉・介入をしないよう，防御権（自由権）としても機能する。

例えば，小さな子どもが電車で足をバタバタさせるのを止めないとき，口頭で注意することなく親が子の足を押さえつけることを許容する人は多いだろう。子どもが健全に成長するためには，自分や他人に危険なことをしないよう，親には教育する義務があり，自分の子どもと密接な関係をもってきたからこそ，子どもに適した方法を親は選択できると考えられるからである。従来の民法では，親権のうち，子どもに対して必要なしつけをする権利を「懲戒権」（改正前民法 822 条）として定めていた。それでは，親がその場で子の足を押さえつけるのではなく，強く叩くのはどうなのか。あるいは，家に帰ってから，何度も顔を平手打ちするのはどうなのか。

A さんの母親が，自分の思うような行動をしないことを理由に A さんに対して暴行をしたように，現実の社会では「しつけ」という名の虐待行為の正当化が見られることがある。もちろん，虐待行為が刑罰に該当する場合は，刑事罰の対象となるだろう[注2)]。また，民法上も悪質な虐待などが生じれば，国家が介入し，親権を喪失させる（民法 834 条）または停止する（民法 834 条の 2）ことが定められている。それにもかかわらず，子どもへの支配的な対応として，叩く・ける・暴言を吐く等をしても親であれば許されるという誤解は払しょくできてこなかった。さらに，しつけの一環と称して子どもへの体罰を容認する考え方は，家庭の外である地域において，例えばスポーツ指導，学校・教育現場，児童福祉施設でもいまだに根強い。しかし，このような考え方を認めると，現場の教育職員や保護者の解釈次第で体罰等はエスカレートしてしまい，歯止めをかけることは困難となる。国連子どもの権利委員会は，子どもに対して（条件つきでも）暴力を認めるいかなる規定も削除することを求めている[注3]。

民法の懲戒権の規定は，児童虐待の口実になるとしてたびたび議論になり，2011年の民法改正で懲戒の権限は「子の利益のための監護及び教育」に必要な範囲内と明確化された。しかし，依然として子の利益のためであれば体罰を含む厳しい戒めを許容しているとの印象を与えるとの指摘から，2023年の民法改正で懲戒権の規定を削除することとなった。そして新たな条文（民法821条）を新設し，親権者は「監護・教育をするにあたっては，子の人格を尊重するとともに，年齢および発達の程度に配慮」しなければならないとし，「体罰その他の子の心身の健全な発達に有害な影響を及ぼす言動」の禁止が明記された。

(2) 子どもの権利条約と児童虐待法制の見直し

子どもを守るのは親だけではない。児童虐待防止法制は，主に保護者による家庭内暴力を念頭に民法による親権制度をどうすべきかという側面と，国家による児童の保護をどのように行うかという側面の2つの軸で定めを置く。

国家による「児童虐待」への対応を大きく変えるきっかけになったのは，日本が1994年に批准した「子どもの権利に関する条約」（以下「子どもの権利条約」とする）である。子どもの権利条約は，子どものための立法や施策について，子どもに対する恩恵や保護ではなく，子どもの権利を保障し，充足するという観点から見直し，子どもに対する虐待に関しては，親・監護者等による虐待・ネグレクト・搾取から子どもを保護するための立法・行政・社会・教育上の措置（19条）とともに，その被害を受けた子どもに対して身体的・心理的な回復および社会復帰を促進する措置（39条）をとることを国に求めている。

もとよりわが国の児童福祉法では，子どもの保護のために国が家庭

（親子）に介入する仕組みとしての「要保護児童の保護措置」が置かれていた。虐待を受けた子どもは「親に監護させることが不適当であると認められる児童」（児童福祉法6条の3第8項）として位置づけられ，児童相談所の権限として，立入調査権限，家庭裁判所の承認を得て行う児童の施設入所措置権限等が盛り込まれていた。しかし，1980年代ごろまで児童虐待というのはごく少数の特殊な家庭問題と捉えられ，公的に実態数を把握することもなされていなかった。児童相談所をはじめとした児童福祉領域の実務者は「家庭で生活することが子どもの福祉にかなう」という前提で親子分離回避や家庭復帰を優先させて支援を行う傾向にあり，とくに家族支援を円滑におこなうために保護者との良好な援助関係維持を重要視するあまり，子どもの人権保護に消極的だと厳しい非難をあびることもあった。1990年代になって，子どもの権利条約の批准を見据えて日本の虐待の現状が明るみにでると，あわせて社会的な認識も高まるようになり，虐待を受けている子どもたちを早期に発見し保護者からスムーズに分離させるための法整備のために，児童虐待の防止等に関する法律（以下「児童虐待防止法」とする）の制定（2000年）に向かったのである[注4)]。

児童虐待防止法制においては，現実に生じた虐待に対応するだけでなく，発生予防から虐待を受けた子どもの自立に至るまでの各段階において，「子どもの権利擁護」という理念に立脚した支援体制が必要となる。このため，①虐待環境に陥らないようにする虐待の予防，②虐待を受けている子どもたちを早期に発見し保護者からスムーズに分離させるための保護，③虐待を受けた経験のある子どもへの支援，④早期かつ安全に家庭復帰を促進する支援，を進めるために，児童福祉法および児童虐待防止法の改正が行われるたけでなく，親権との調整のために民法改正も行われている（図7-1）。

2004 年の児童福祉法の改正では，②に対応するべく「要保護児童対策地域協議会」（要対協）が法定化された。A さんの事例でも登場した要対協とは，虐待を受けた子どもなどに対して，関係機関が連携をして対応するために市町村が設置するネットワークであり，児童相談所や学校，警察，幼稚園や保育園，教育委員会など，多くの関係機関によって構成される。児童虐待や非行などの事案についてそれまで児童相談所だけで対応してきたものを，市町村も対応を担うこととなった。

さらに，2016 年には母子保健法に乳幼児虐待の予防，早期発見について明記され，「子育て世代包括支援センター」が置かれることになった。このように，児童虐待は，福祉の領域だけでなく，保健の領域の双方から①の虐待予防を実施していく制度ができた。また，同年の児童福祉法の改正では，③のために，里親委託推進を児童相談所の役割に加えたほか，自立援助ホームに大学卒業まで在籍できるようにした。

2019 年の児童虐待防止法改正では，親権者などによる体罰を禁止し，しつけとの違いを指針[注5)]で明示することとなった。指針では，しつけのためでも，体に何らかの苦痛や不快感を引き起こす行為は，どんなに軽いものでも体罰とし，「お前なんか生まれてこなければよかった」などと言うことも，子どもの心を傷つけ，子どもの権利を侵害すると説明している。また，自立援助ホームの利用について原則 22 歳までという年齢制限が撤廃され，ひとりひとりの子ども・若者の状態や意向を踏まえて支援すべきであるという原則が示された。

表 7-1　近年の児童虐待防止法制の変遷

2004 年	児童虐待防止法・児童福祉法改正	児童虐待の定義の見直し，通告義務の範囲の拡大，市町村を虐待通告先に追加，要保護児童地域対策協議会
2007 年	児童虐待防止法・児童福祉法改正	立入調査等の強化，保護者に対する面会・通信等の制限の強化，保護者に対する指導に従わない場合の措置の明確化
2011 年	民法改正	親権喪失制度の見直し，親権停止制度の創設
	児童福祉法改正	親権停止・管理権喪失の審判について，児童相談所長に請求権を付与，施設長が子の福祉のためにとる措置を親権者が不当に妨げてはならない旨規定，一時保護・里親委託中の児童相談所長の親権代行
2016 年	児童福祉法改正・母子保健法改正	児童虐待の発生予防のための子育て世代包括支援センターの法定化，市町村の要保護児童対策地域協議会の機能強化，児童相談所の体制強化，被虐待児童への自立支援，母子保健法による虐待予防
2017 年	児童虐待防止法・児童福祉法改正	虐待を受けている児童等の保護者に対する指導への司法関与（都道府県への勧告），家庭裁判所による一時保護の審査の導入
2019 年	児童虐待防止法・児童福祉法改正	親がしつけに際し体罰を加えることを禁止，児童相談所の一時保護と保護者支援の担当を分ける，児童相談所の機能強化（弁護士，医師・保健師）
2022 年	児童福祉法改正	一時保護開始時の判断に関する司法審査の導入，子どもの意見聴取等の仕組みの整備
	民法改正	懲戒権規定の削除

2. 虐待の予防と児童の保護

（1）児童虐待の実態

児童虐待相談対応件数は，1990 年度に統計が開始されて以来増加の一途をたどり，2021（令和 3）年度には 20 万 7659 件となり，20 年前に比べて 12 倍にもなっている（図 7-2）。これは社会的関心の高まりによって相談・通告が増えたことが要因の 1 つであると分析されている。児童虐待防止法は虐待の定義を明確化し，①身体的虐待，②性的虐待，③ネグレクト，④心理的虐待の 4 つの類型が，保護者によって行われることとしている（2 条）。さらに，2004 年の改正で，子どもの目の前で配偶者や家族に暴力をふるう「面前 DV」を④の心理的虐待に認定し，これによって警察から児童相談所への通告数が増加した。

児童虐待防止法でいう保護者とは，子どもを現に監護・保護している者を指し，親権者だけでなく，子どもの母親と内縁関係にある者や，児童福祉施設の長，里親などが含まれる。統計では主たる虐待者については，実母が約半数を占め，次いで実父となっている。虐待を受けた子ど

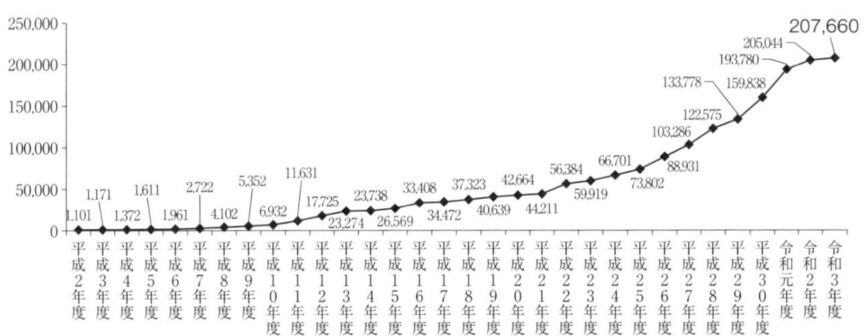

出典：厚生労働省　「令和 3 年度児童虐待相談対応件数」

図 7-1　児童相談所での児童虐待相談対応件数の推移

もの年齢は，小学生が32.4%と最も多く，次いで3歳から学齢前児童が28.1%，0歳から3歳未満が23.8%となっている（2017年）。ただし，死亡事例を見ると，心中以外の虐待死では0歳児が65.3%と最も多い。

（2）虐待の予防

児童虐待は，望まない妊娠や育児に対する不安，子どもに育てにくい特性がある，夫婦間不和や経済的に不安定な家庭状況など，要因が複雑に絡み合って生じると考えられている。これらのリスク要因を早期に把握して支援につなげられれば，虐待の発生自体が予防できる。このため，2004年に児童福祉法が改正され，児童相談窓口に児童相談所だけでなく市町村が加わることになった。児童相談所は，専門的な知識及び技術を必要とするケースへの対応や市町村の後方支援として，市町村は住民に身近な窓口として，虐待の未然予防や早期発見に取り組むという役割分担が定められたのである。

市町村は各種の経済的給付や保健事業を行うことも多く，これを利用して住民に積極的に働きかけて情報・支援を届けるアウトリーチ型支援の活用が重視されている[注6)]。特に，乳児家庭全戸訪問事業は，2009年度より児童福祉法に位置付けられ，市町村における実施の努力義務が課せられた。この事業は，生後4カ月までの乳児のいる全ての家庭を訪問し，不安や悩みを聞きつつ，必要な情報提供，親子の心身の状況・養育環境の把握や助言を行い，乳児家庭の孤立化を防ぎ，乳児の健全な育成環境の確保を図るものである。類似の事業として，母子保健法に基づく訪問指導があり，法的な位置づけや目的は異なるものの，市町村は両事業を併せて実施することもできる。

さらに，虐待を受けている子どもの早期発見や適切な保護を図るためには，福祉／教育／医療／警察など部署等が異なっていても，その子ども等に関する情報や考え方を共有し連携して対応していかねばならない。市町村に置かれる要保護児童対策地域協議会では虐待を受けた子どもを始めとする要保護児童等に関し，関係者間で情報の交換と支援の協議を行うとともに，協議会の構成員に守秘義務を課している。

（3）児童の保護

児童虐待法制において，子どもをとりまく様々な機関の義務や権限が定められている中で，虐待を受けた子どもはどのように保護されるのか。以下，児童相談所が主となって関わる場合を見てみよう。

①被虐待児童の発見・通告

児童虐待では，国民一般に児童相談所，福祉事務所，市町村への通告義務を課す（児童福祉法 25 条，児童虐待防止法 6 条）。虐待の事実が確実なものかを確認しようとして通告が遅れたりためらわせたりしないよう，「児童虐待を受けたと思われる児童を発見した者は」という規定にし，本人の主観でよいとして誤通告に対して法的責任は求めない。さらに，虐待を受けた児童の早期発見を重要視し，児童虐待に職務上関係のある学校・児童福祉施設・病院など児童福祉に職務上関係のある者に早期発見の努力義務を課し，通告は守秘義務違反でないことを明記している（児童虐待防止法 6 条）。

市町村は子どもに関する各種の相談を広く受け付けており，A さんのケースでも子ども本人からの生活の困りごとを訴えられたことがきっかけとなっている。指針[注7)]では通告であるか明らかでない場合も，積極的に通告として対応するよう求められており，通告に緊急性や重大な虐待の疑いがある場合には，児童相談所に送致することとなっている。

②児童相談所による安全確認・調査

児童虐待が通告により明らかになった場合には，通告を受けた市町村長，福祉事務所長，児童相談所長は児童の安全の確認等を行わなければならない（児童虐待防止法8条）。児童相談所は受理会議で対応方針を決定し，調査を開始する。子どもの安全に疑問がある場合，緊急性に乏しいと判断される場合を除き子どもに会って確認することが基本とされる。確認は，地方自治体の実情によるものの48時間以内が望ましいとされている。

調査の方法としては，強制力を伴わない任意の面談のほか，知事による出頭要求（児童虐待防止法8条の2），調査を拒んだ場合に刑事罰が科せられる立入調査（児童福祉法29条，児童虐待防止法9条），家庭裁判所に許可状を請求して行う臨検（住居等に立ち入ること）・捜索（住居その他の場所について児童を捜し出すこと）（児童虐待防止法9条の3）がある。

Aさんの事例では，本人と面会しなかったことを児童虐待防止法8条2項違反と主張したが，裁判所は安全確認の具体的方法は児童相談所長の裁量に委ねられているとして，安全確認義務違反ではないとした。

③一時保護

児童相談所長は，子どもの生命身体の安全を確保するために緊急に子どもと保護者を分離する必要がある場合など，児童相談所長が必要と認めるとき，短期間親元から子どもを分離させる一時保護を行うことができる。一時的に子どもと保護者との物理的距離をとることで，子どもの安全が確保され，子どもの行動観察や心理療法等を行ったり，保護者に調査指導を進めたりすることができる。

一時保護は極めて急を要する場合等に子どもの安全を短期的に確保で

きる利点があるものの，一方で，児童の行動の自由を制限するとともに，保護者の監護権も制限することも意味する。従来の法枠組みでは，保護者や子どもの意向に関わらず，行政機関（児童相談所長）が単独の判断で権限を行使できるとされ，司法機関が関わるのは一時保護の原則的な期間である2カ月を超えて延長を求める場合のみであった。2022年児童福祉法改正では，保護者が同意しない場合，児相は，保護開始から7日以内に一時保護状を請求し裁判所の審査を受けることとなった。また，この司法審査では，子ども本人が置かれている状況を理解できるよう，一時保護の見通しや生活などの説明を徹底し，子どもの意見を裁判官へ伝達する際の留意事項を示したガイドラインも設けられることになった。

事例では，Aさんに対し一時保護を行わなかったことについて，児童相談所は裁量を逸脱・濫用したと訴えられたが，裁判所は一時保護には慎重な判断が求められるが，それが可能な程度に資料収集がなされておらず，裁量の逸脱はないとした。

④継続的な子どもの保護措置

子どもに対する保護措置は，子どもの権利条約に定める「親子不分離原則」（9条1項）に従い，在宅援助を優先している。在宅援助は，保育の実施など保護者の育児支援，来所相談や児童福祉司による家庭訪問などを措置によらない指導（児童虐待防止法11条1項，児童福祉法11条1項2号）にもとづき行うことが多く，Aさんの母に行われた指導もこれに該当する。ただ，法的な拘束力はなく任意であるため，Aさんの母のように面談や親支援プログラムを受けないことに対して制裁は設けられていない。一方，保護者に対しより強制力をもった指導を要する場合には，児童福祉司指導措置による指導（児童福祉法26条1項2号，27

条１項２号）が定められている。保護者が指導に従わないときは，都道府県知事による勧告を行うことができ（児童虐待防止法 11 条 4 項），それにも従わない場合には，裁判所が都道府県に対して一時保護や里親委託・児童養護施設入所等の「28 号措置」（児童福祉法 28 条）を採るよう勧告することができる。

ただ，児童相談所は，上記のように継続的な指導を保護者との相談関係を基盤として行う支援機能と，虐待の初期対応のように保護者と対立してでも子どもを保護する介入機能の両方を有しており，一時保護で対立してしまうと保護者とあとに続く支援の実効性が挙げられないというジレンマも抱えている。2019 年の児童虐待防止法改正では，介入的対応を行う職員と支援を行う職員を分ける等の措置が設けられたのに続き，③で既述したように一時保護への司法審査が入ることで，児童相談所の機能強化を目指すこととなった。

親子分離を予定する措置としては，親権者との関係で，施設入所あるいは里親委託，親権停止（民法 834 条の 2），親権喪失（民法 834 条）といった段階の方法が用意されている。都道府県知事（実務上は児童相談所長）は児童養護施設や乳児院等の児童福祉施設へ子どもを入所させることができるが（児童福祉法 27 条 1 項 3 号），親権者等の意に反して措置することはできない（児童福祉法 28 条 4 項）。しかし，親権者等の意に反していても虐待等のために保護者に監護させることが著しく子どもの福祉を害する場合は，家庭裁判所の承認をもって施設入所または里親委託の措置をとることができるとしている（児童福祉法 28 条 1 項 1 号）。入所措置の期間は，開始時から 2 年以内であり，それを超えて引き続き措置を継続する必要がある場合は，児童相談所が再び家庭裁判所の承認を得て期間を更新することができる。

ところで，児童養護施設や里親といった社会的養護は，従来は児童福祉法上の「児童」の年齢である満 18 歳に満たない者を対象としていたため，施設に入所していた子どもは高校卒業などのタイミングで退所を求められていた。しかし，社会的養護のケアから離れるケア・リーバーと呼ばれる子どもたちは，戻る家庭もない環境で経済的な困窮や孤立に追い込まれることも少なくないことが指摘されている。このため，2022 年の児童福祉法の改正では，原則 18 歳までだった対象年齢の制限が撤廃され，年齢で一律に支援期間を区切るのではなく，対象となる子どもが自立可能かで判断することになった。

3．児童虐待法制の法的課題

（1）市町村と児童相談所との役割分担・連携

事例では，町が設置した要保護児童対策地域協議会は児童相談所が対応するべきケースと考えたのに対して，児童相談所は町の直接支援を維持して情報提供を待つ方針をとった。児童相談所と市町村の送致の判断による連携の困難が表出したものといえるだろう。

児童相談所と市町村の連携を困難にする要因として，役割分担の複雑さが挙げられる[注7)]。もともと市町村が有する権限は子育て支援や全戸訪問等の「支援」であり，児童相談所のような「介入」的アプローチは予定されていない。市町村は相談者の意思を尊重することが基本であり，虐待対応においても，虐待に至る家族背景や養育者の気持ちに目を向け，支援方法を探ることが求められている。しかし，市町村に十分な子育て支援メニュー等がない場合，支援のきっかけがつかめず，文字通りの「見守り」になってしまう。

一方，児童相談所は，市町村から一時保護をはじめとする「介入」の権限行使を求められる。しかし，児童相談所は，高リスクケースへの専門的・長期的な支援を念頭に置き，その他へは市町村への間接的支援をすることによって，増加する児童虐待への通告に対応しようとしている。児童虐待法制が想定する市町村と児童相談所の役割分担を適切に進めるためには，児童相談所だけでなく，市町村の虐待対応の機能強化も不可欠であろう。

（2）保護者への指導

年間で約20万件の児童虐待対応数に対して，親子分離となる施設入所・里親等の社会的養護を受ける児童は約5000人（2019年）となっており，虐待の事実があったとしても多くの子どもは在宅で支援を受けることになる。しかし，事例のように，子どもへの接し方や生活環境の改善など保護者の行動変容がないまま，子どもに対しては見守り以外に具体的な支援が提供されないまま，不適切な養育環境の中で育たざるを得ないことがある。このため，児童相談所の保護者指導にいかにして実効性を持たせるかが議論されている。

事例では措置によらない指導として面談等が設けられていたが，さらに強い保護者への指導については，2.（3）④で述べたように，措置による指導も用意されており，これに従わないときには，都道府県知事の保護者に対する勧告，さらには裁判所の都道府県に対する勧告が定められている。ただし，勧告はそもそも法的拘束力がないものであり，「28条措置」といった具体的な処分が後ろに控えていることによって事実上の強制性をもつものである。現行制度では，切り札の裁判所の勧告も，児童福祉法28条の承認審判がなされたときに，家庭裁判所が都道府県に勧告をして，それを受けて都道府県が保護者に対して指導をするという仕組みをとる。このような回り道をとるのは，裁判所が保護者に直接勧告することは，行政作用を裁判所が行うことになり，公正中立の第三者として法的判断を行う役割を担う点から，消極的な意見が維持されてきたためである。しかし，このような仕組みについて，保護者が指導に従う動機付けとして不足していると指摘し，裁判所が保護者に直接，命令することの必要性を説く意見もある。

保護者指導の実効性を高める手段の選択肢・組み合わせは，裁判所からの命令に限らず，複数にあると考えられる。親権停止・一時保護の審査や入所措置の更新など家庭裁判所の関わりは増えてきており，「子どもの最善の利益」を考慮するために，虐待を行った保護者に対する司法の関与のあり方も再検討が必要であろう。

4. まとめ

子どもの権利条約の批准以降，児童虐待防止法制は，家族・家庭への介入に対する消極的な姿勢を改め，児童福祉法・児童虐待防止法・民法の改正を進めてきた。近年では，児童相談所の体制強化を更に進めることに加え，深刻な虐待事案への対策の強化，体罰の禁止，地方自治体の役割，関係機関間の連携強化等の内容が盛り込まれている。児童相談所が専門機関として中心的な役割を果たすのは当然であるが，予防的アプローチを重視するほど，地方自治体の役割が重要となる。

他方で，児童虐待の防止や対応は，家庭という私的領域に対する介入であり，親の権限への制約および子どもの環境の変化を伴う決定を行政機関のみに委ねることは相当ではなく，司法機関の関与による適正な権限行使を担保する制度もあわせて整備されなければならない。

この章で取りあげた事例に対する裁判所の判断では，児童相談所が行う援助の方針（継続か否か）を決めるにあたり，低年齢であったことを理由に虐待の被害者であるAさんの意向が考慮されていなかったことについて，裁量行使や手続上問題であるとされなかった。2022年の児童福祉法改正では，児童相談所は入所措置や一時保護等の際に，児童の意見・意向を勘案して措置を行うために，児童の意見聴取等の措置を講じることが定められた（児童福祉法33条の3の3)。この改正によって，意見聴取等の手続きが単に設けられるだけでなく，児童の年齢及び成熟度によってその内容が正当に重視されることが求められるだろう。

〉〉注記

注1）成年期に達しない者の表記として，「児童」（児童福祉法，児童虐待防止法，母子・福祉・寡婦福祉法）「未成年」「子」（民法）「子供」（子供・若者育成支援推進法）「子ども」（少子化社会対策基本法，子どもの貧困対策推進法，子ども・子育て支援法）「こども」（こども基本法）などの表記があり，同じ用語を使用していてもその定義は統一されていない。心身の発達の過程にあることが子どもの特徴であり年齢を絶対的に捉えるべきではないとしつつ，本稿では「子ども」を「おおむね18歳まで」の者とする。

注2）例えば，身体的虐待であれば，暴行罪（刑法208条)，傷害罪（刑法204条)，傷害致死罪（刑法205条)，殺人罪（刑法199条)，性的虐待であれば，監護者わいせつ及び監護者性交等罪（平成29年新設・刑法179条)，ネグレクトであれば保護責任者遺棄罪（刑法218条)，心理的虐待であれば，暴行罪，脅迫罪（刑法222条)，強要罪（刑法223条）などが成立する可能性がある。

注3）子どもの権利委員会　一般的意見8号（2006年）体罰その他の残虐なまたは品位を傷つける形態の罰から保護される子どもの権利　CRC／C／GC／8。

注4）町野朔・岩瀬徹・柑本美和「児童虐待防止システムの展開と展望」，町野朔・岩瀬徹『児童虐待の防止』有斐閣　2012年　6-21頁。

注5）厚生労働省・体罰等によらない子育ての推進に関する検討会「体罰等によらない子育てのために」2020年2月。

注6）社会保障審議会児童部会児童虐待等要保護事例の検証に関する専門委員会「子ども虐待による死亡事例等の検証結果等について（第18次)」(2022年9月)。

注7）市町村児童家庭相談援助指針（平成17年2月14日雇児発第021400号）

注8）野坂聡「市区町村の児童家庭相談―政令指定都市の視点から」こどもと福祉10号　4-65頁。

参考文献

・磯谷文明・町野朔・水野紀子　編集代表『実務コンメンタール　児童福祉法・児童虐待防止法』有斐閣　2020 年
・町野朔・岩瀬徹『児童虐待の防止』有斐閣　2012 年
・久保健二『児童相談所における子ども虐待事案への法的対応』日本加除出版　2016 年

1. 虐待を受けた子どもの保護について，児童福祉法と児童虐待防止法はどのように定めているか，まとめてみよう。
2. 児童虐待防止法制において，どのような局面で司法の関与が設けられているか，まとめてみよう。

8　子ども・子育て支援制度と待機児童問題

平部康子

《**本章のねらい**》 子育て支援の法制度として，就学前の子どもが過ごす場である保育所・幼稚園・認定こども園，子育てをするすべての家庭を対象にした地域子ども・子育て支援事業を取り上げ，どのような仕組みでサービスが提供されるのか，親への「子育て支援」から，子どもが健やかに成長するための機会の拡大という観点ではどのような課題があるのかを学ぶ。

《**キーワード**》 子ども・子育て支援法，保育分野の規制緩和と地方分権

事例

Aさんは，B市の保育所に2歳の子どもを預けて働く保護者で，近く出産を予定している。これまでB市では，育児休業を取得した保護者に保育所の在園児がいる場合，利用継続申請書を提出すれば，子どもの年齢に関係なく，保育所の利用を認めていた。しかし，子ども・子育て支援法が施行されると，それに合わせてB市で「子どものための教育・保育給付」に関する認定基準を定める条例を定めた。その中では，保護者が育児休業を取得すると，在園児が0-2歳であるならば，保護者や生まれた子どもに疾病があるなどの事情がある場合を除き，保護者の出産日の翌々月末をもって在園児を保育所から退園させる運用（「育休退園制度」）となっていた。また，この条例を2カ月後に改正して，継続利用が認められるものとして「在園児の家庭における保育環境等を考慮し，引き続き保育所等を利用することが必要と認められる場合」を追加した。

Aさんは条例が施行される1カ月前に育休退園制度が導入されることを知らされたが，その3カ月後に出産予定日があり，育休を取得する予定であったため，この制度によれば上の子どもが退園させられることが明ら

かであった。Aさんは上の子どもの利用継続を市長に申請したが利用継続は認められず，退園となった。そのため，Aさんは保育の実施の解除処分の取消（本案事件）と，その判決が出るまでの間の執行停止を求めて，裁判を提起した。
（さいたま地方裁判所平成27年9月29日決定，賃金と社会保障1648号57頁）

事例のポイント

行政事件訴訟では，処分の取消を求める訴えを提起してから終結判決が下されるまでに一定の期間がかかる。この時間の経過の中で原告の権利を保護するために，司法上執行停止を求めることができる。執行停止は，①重大な損害を避けるための緊急の必要があるか（行政訴訟法25条2項），②本案に理由がないと見えない，という要件を満たすとき認められる。

それでは，子どもが保育所で保育を受けられなくなることは，法的にどのように評価されているのだろうか。B市が条例で定めた厳しい育休退園制度自体が子ども・子育て支援法や児童福祉法に反するのだろうか。育休退園制度は認められるとして，Aさんへの適用の仕方に問題はなかったのだろうか。

1. 子育てに関する責任の担われ方

(1)「子育て支援」における公私の役割

全て子どもは「適切に養育されること，その生活を保障されること，愛され保護されること，その健やかな成長及び発達並びにその自立が図られること」が等しく保障される（こども基本法3条1項2号，児童福祉法1条）中で，社会的に自立する能力を獲得する。このような子どもの養育のために「家庭を基本として行われ，父母その他の保護者が第一義的責任を有する」ことを基本としつつ，その子育てに対しては社会全体で「十分な支援を行う」(こども基本法3条1項5項）としている。従って，民法により親の監護教育義務や子への扶養義務を定めて（820条，877条)，親が子どもを養育する責任を課しそれを尊重する枠組みを設けた上で，国や地方自治体が子どもの養育支援を直接的・間接的に行う。一義的な責任を負うとされる親は，従来自分の力だけでなく他の家族や近所の人々に支えられながら養育責任を果たしてきたが，教育費をはじめとする子育てに生じるコストの増加，核家族化や実家から離れた場所で仕事をして生活せざるを得ないなどの状況下では，その責任を果たすことが難しくなっている。このため，国や地方自治体による支援はますます重要となっている。

さらに,「子ども・子育て」という語が法律上にも出現したように，子育て支援の概念が拡大していることも指摘できるだろう[注1)]。1.57ショックといわれる1989年の合計特殊出生率は少子化問題の契機になったが，その対策としても「子育て支援」が言及されるようになる。さらに，子どもの権利条約が目指すように子どもの最善の利益を実現すべく,「親」支援と「子」支援を分けて支援の幅を広げるという試みもなされるようになる。

国や地方自治体による支援は，広い意味では，育児休業制度など雇用環境の整備が含まれることもあれば，児童手当や高等学校等修学支援金など親の経済的負担を軽減する現金給付のほか，保育サービスや子育て支援サービスといった福祉サービス給付／事業を指すこともある。ただし，わが国の家族関係支出はGDP比で1.79%（2017年）と，OECD平均の2.34%を下回っており，子育ての支援について国・地方自治体が担う現実の役割は，国際的な比較からすると大きくないと評価せざるをえない[注2)]。介護の社会化がいち早く進んだ高齢者介護の分野に比べると，子育ての社会化は様相を異にするといえるだろう。

(2) 保育所待機児童問題

このような中で，保育の利用資格があり申し込みを行ったにもかかわらず児童福祉法で認可された保育所を利用できないという「保育所待機児童問題」が，2010年代ごろから大きな社会問題となった。子ども・子育て支援制度（後述）の下で保育施設の増加や保育園定員の拡大がなされた結果，2018年からは待機者数が減少しているが（図8-1），主に都市部に待機児童が集中する地域格差があったり，待機児童のうち1-2歳児が77.2%（2022年）を占めるといった年齢別の受け皿が不十分であったりするなど，一部の子どもと保護者には依然として問題のしわ寄せが生じている。

B市の育休退園制度も，育児休業を取得する保護者の子どもが0-2歳児である場合，在園児を退園させて待機児童への受け皿を増やすことを

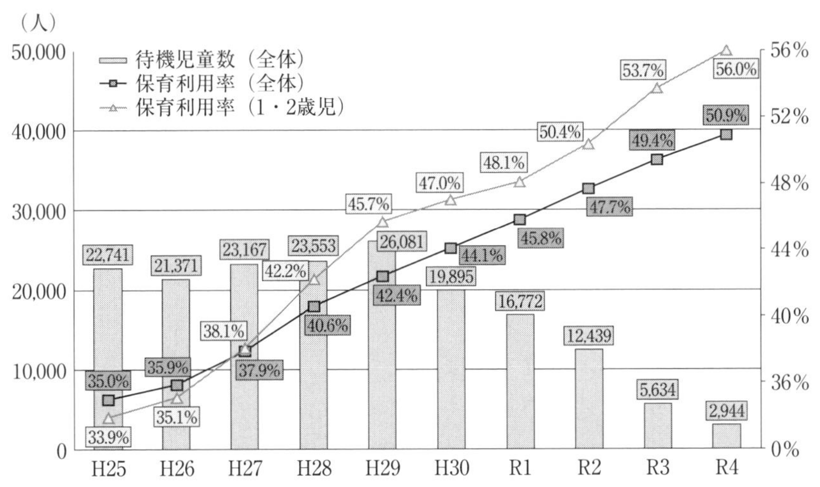

出典：厚生労働省「保育所等関連状況取りまとめ（令和4年4月1日）」

図8-1　保育所等待機児童数及び保育所等利用率の推移

狙ったものであった。ただし，この仕組みも市町村により運用が異なっており，B市のように0-2歳クラスの空席を作ることを重視する市町村もあれば，新生児と幼児を同時にケアする親の負担を考慮して「満1歳まで在園可能」「満2歳まで在園可能」とするところや，そのような制限を設けずに「既に保育を利用している子どもがいて継続利用が必要である」と子どもの利益を重視した要件を設けるところもある。待機児童数が減少している裏側で，Aさんのように国や市町村の定義にあわずに待機児童とカウントされない潜在的待機児童が存在することにも留意しなければならないだろう。

2. 子ども・子育て支援制度

(1) 子ども・子育て関連3法の制定と子ども・子育て支援法

深刻化する待機児童問題に対して，政府は2010年に「子ども・子育てビジョン」を閣議決定し，誰もが希望する幼児教育と保育サービスが受けられるよう，幼児教育，保育の総合的な提供の検討が行われることとなった。この結果，①認定こども園・幼稚園・保育所を通じた共通の給付及び小規模保育等への給付の創設，②認定こども園制度の改善，③地域の実情に応じた子ども・子育て支援の充実を目指し，子ども・子育て関連3法案（子ども・子育て支援法，認定こども園法，子ども・子育て支援法及び認定こども園法の施行に伴う関係法律の整備等に関する法律）が成立することとなった。

このうち，子ども・子育て支援法は，「子ども及び子どもを養育している者に必要な支援」を行うことを目的としている（1条）。児童福祉法との役割分担という観点では，児童福祉法が総合法規として，児童福祉に関する機関や施設基準，給付及び事業，児童の保護などを定めているのに対して，子ども・子育て支援法は，子ども・子育て支援給付という給付に特化した内容となっている。ただし，市町村の保育の実施義務や保育所の施設基準が児童福祉法の適用から外れるわけではなく，児童福祉法等の他の法律と「相まって」用いられることが予定されている。この点でＡさんのケースを検討するためには，子ども・子育て支援法だけでなく，児童福祉法の保育の利用（24条）や手続的権利（33条の5。措置を解除する場合の行政手続法の適用除外）も念頭に置かねばならないことになる。

（2）教育・保育施設の利用

子ども・子育て支援法の給付は，①子どものための現金給付，②子どものための教育・保育給付，③子育てのための施設等利用給付からなる。このうち，中心となるのは②であり，市町村が実施主体となって，a）認定こども園，保育所及び幼稚園の利用ために用いる施設型給付費（27条），b）満3歳未満の子どもを対象とする地域型保育のために用いる地域型保育給付（29条），に分けられている。

子どものための教育・保育給付を受けようとする場合，保護者は子どもについて，子どもの年齢と保育の必要性により1号から3号に区分される支給認定を受けなければならない（19条）。これによって，保育の必要量と受給資格が決定されることになる（表8-1）。また，施設型給付費の額は一律ではなく，保護者の属する世帯の状況等を勘案して国が定める水準を限度として，市町村が利用者負担の上限額を定めることとなっている（子ども・子育て支援法施行令4～6条）。

保育所を利用するためには，満3歳以上小学校就学前の子どもであれば2号認定，満3歳未満の子どもであれば3号認定に該当する必要がある。保育の必要性については，子ども・子育て支援法施行規則によって具体的に定められており，①一定時間時用の就労，②妊娠・出産，③保

表 8-1　子どものための教育・保育給付の認定区分

認定区分（支給要件）	保育必要量（内容）	利用定員を設定し，給付を受ける施設・事業
満 3 歳以上の小学校就学前の子どもであって，2 号認定子ども以外のもの（1 号認定子ども）（第 19 条第 1 項第 1 号）	教育標準時間	幼稚園 認定こども園
満 3 歳以上の小学校就学前の子どもであって，保護者の労働又は疾病その他の内閣府令で定める事由により家庭において必要な保育を受けることが困難であるもの（2 号認定子ども）（第 19 条第 1 項第 2 号）	保育短時間 保育標準時間	保育所 認定こども園
満 3 歳未満の小学校就学前の子どもであって，保護者の労働又は疾病その他の内閣府令で定める事由により家庭において必要な保育を受けることが困難であるもの（3 号認定子ども）（第 19 条第 1 項第 3 号）	保育短時間 保育標準時間	保育所 認定こども園 小規模保育等

出典：厚生労働省『子ども・子育て支援新制度ハンドブック（施設・事業者向け）』に筆者加筆

護者の傷病・障害，④同居親族の常時介護・看護，⑤災害復旧，⑥継続的求職活動，⑦就学・職業訓練，⑧児童虐待・DV のおそれ，⑨育児休業中で既に特定教育・保育施設を利用している子どもがいる場合における継続利用の必要性，となっている。

子どものための教育・保育給付は，法律上は「給付費の支給」と現金給付として定められているが，現実には施設が実施主体である市町村に請求し保護者に代わって給付費の支払いを受ける「法定代理受領」という方法で運用されている。なお，保護者と施設との関係は原則として契約関係であるが，私立保育所については，市町村と保護者が契約し，私立保育所に対して委託費を支払い，保育料も市町村が徴収する従来の枠組みが維持されることになっている。その理由として，保育については，児童福祉法24条で，保育を必要とする児童に対して保育を実施する義務が市町村に課せられ，契約内容について行政の強い関心があるためと説明されている。

（3）市町村による利用調整，利用可能な施設のあっせん

子ども・子育て支援法の下では，私立保育所を除き，保護者と施設との契約にもとづき保育サービスの提供が行われる。しかし，認定こども園，保育所，家庭的保育事業については，当分の間，保育所等が不足する場合だけでなく保育を必要とする全ての場合に市町村が利用調整を行うことが定められている（児童福祉法附則7条1項）。このため，市町村は利用者ごとに保育の必要度について指数（優先順位）づけを行い，施設・事業者ごとに指数の高い順に利用をあっせんする。

保護者からの利用申込に対して，施設・事業者には応諾義務があり，正当な理由なく拒否することはできない（子ども・子育て支援法33条，45条）。また，市町村長も，保育に欠ける児童の保護者から当該児童の保育所入所の申し込みがあったときには，「やむを得ない事由」がない限り，当該児童の保育所への入所を決定しなければならない（児童福祉法24条1項）。裁判例として，一定の障害がある児童に対して，適切な保育を確保することが困難であることを「やむを得ない事由」として市が市立保育園入園申込書を受理せず，承諾しない処分を行ったことに対し，障害のある児童であっても，その障害の程度・内容を考慮せず一律に保育所における保育を認めないことは許されないとし，保育所への入所承諾を義務付けたものがある（東京地方裁判所平成18年10月25日判決，判例時報1956号62頁）。

3. 子ども・子育て支援法下の地方自治体の役割の変化

(1) 保育分野での地方分権[注3)]

児童福祉法が制定された当初から,「保育に欠ける児童」を保育所に入所させる措置権限は,市町村にあった。その理由として,保育所の機能が地域的なもので,利用する住民もその範囲であり,したがって地域社会と密接な関係を有する保育所の事務は市町村の事務として迅速適正に行うことが適当であると説明されている[注4)]。このため,都道府県から市町村へ権限移譲が進められた第一次地方分権改革(1993~2001年)では,そもそも問題とならなかった。

次に行われた第二次地方分権改革(2006年~)では,地方に対する規制緩和と呼ばれる義務付け・枠付けの見直しが行われた。保育分野では,保育所の設置基準が,国の一律の最低基準から,都道府県の認可権限をもつ都道府県等が定める条例に委任され,その内容も人員・居室面積・人権侵害防止等は「従うべき基準」,その他は地域の実情に応じて異なる内容を定めることが許容される「参酌すべき基準」と設定してよいことが定められた。さらに,東京等の待機児童問題が深刻でかつ地価の高い地域に限っては,一時的に,地域の実情に応じて合理的な範囲内で異なる内容を定めることを許容する「標準」としてよいことが定められた(保育所の居室の床面積基準に係る特例)。

さらに,2020年に発表された国の保育整備計画「新子育て安心プラン」では,4年間で約14万人分の保育の受け皿を整備するために短時間勤務の保育士を活用することを掲げ,待機児童がいる市区町村で,各クラスで常勤保育士1名を必須とした規制をなくし,短時間勤務の保育士2名でも可とするとしている。

（2）市町村子ども・子育て支援事業計画

これまで述べたように，保育所そのものの設置や保育士の確保など，提供体制に困難を抱える市町村が少なくない。このため，子ども・子育て支援法は市町村に5年を1期とする「市町村子ども・子育て支援事業計画」の策定を求めている（61条）。同法では，計画を作成するにあたって，子どもや保護者の置かれている環境を把握するだけでなく，子どもの保護者の利用の意向を勘案することを求めている。これによって，「量の見込み」を算出し，有効な保育の確保方策を選択する。ある自治体では，保育所に入るために育児休業等を希望より早く切り上げ0歳枠で入所申し込みをしている保護者が少なからずいると判断し，1・2歳枠を大きく増やすことで，前倒し行動をせずに希望時期に入所申し込みができるよう，需要計画値を設定する対策をとっている。市町村子ども・子育て支援事業計画は，市町村ごとの戦略と特色が反映されているといえるだろう[注5)]。

子ども・子育て支援制度開始にあわせて，児童福祉法24条の事業として家庭的保育事業（利用定員5人以下），小規模保育事業（利用定員6人以上19人以下），事業所内保育事業等が新設され，市町村が条例で最低基準を策定し，認可・指導監督をすることになった。これらの保育事業者は，市町村の確認を受けると地域型保育給付の対象となることができる。市町村が開設と監督のコントロールの権限をもつ地域型保育事業は，待機児童の過半数を占める3歳未満児に対する受け皿として年々数を伸ばしている一方，「量」の確保のために，市町村は「保育の質」を確保する責任も生じている。

（3）条例の制定と育児休業中の保育への対応

事例では，子ども・子育て支援制度の下で保護者が育児休業を取得した場合に，すでに在園している0-2歳児について保育の必要性を原則的に認めないという「育休退園」が裁判上初めて争われた。それでは，これまで保護者が育児休業中，子どもの保育継続は認められなかったのだろうか。

当初，保育所入所の要件は児童福祉法で「保護者の労働または疾病等の理由により…児童の保育に欠けるところがある」と定められていた。その後，1986年の改正で「政令で定める基準に従い条例で定めるところにより」という語が付け加えられた。政令で定める基準では，日中の労働，妊娠中であるか出産間もないこと，疾病負傷あるいは障害，親族の介護，災害復旧が定められていた（旧児童福祉法施行令9条の3　1号～5号）が，最後の6号では「前号に類する状態にあること」が挙げられていた。市町村は，この部分について独自に定めを置くことができ，「職業研修に従事していること」「夜間労働のため，昼間に睡眠休養することを状態としていること」「求職中であること」と規定している例があるが，主に保護者の事情を挙げたものであった[注6)]。

在園児の保護者が育児休業を取得する場合については，国が2002年に通知[注7)]を出し，(1) 入所児童の環境の変化に留意する必要がある場合，(2) 当該児童の発達上環境の変化が好ましくないと思料される場合，など「児童福祉の観点から必要があると認める場合には，地域における保育の実情を踏まえた上で，継続入所の取扱いとして差し支えない」とした。「児童福祉の観点」が取り入れられたことは重要な変化である一方で，「差し支えない」という文言から，国は市町村が児童を継続入所させても児童福祉法24条に反するとはみなさず，当該児童の保育費用について国庫の支弁を受けられるとしているものの，積極的に条例で定める入所要件に盛り込むことを求めているわけではないと読める。

新制度では，通達の方針は子ども・子育て支援法19条を受けた子ども・子育て支援法施行規則に「…当該育児休業の間に当該特定教育・保育施設等を引き続き利用することが必要であると認められること」と明示された（1条の5　第9号）。

冒頭の事例に対し，B市は，入所している子どもが今まで受けてきた保育が受けられなくなることについて，新規入所申込に対する不承諾と同じと考え，保育所で保育をするかどうかは児童福祉法にもとづいて保育を必要とするかどうかの判断によるものであり，保育所における人間関係や生活を保障するために保育所に入園させたり，継続利用させたりしなければならない性質のものではない，と反論していた。しかし，裁判所は，子どもの利益という観点でみると，新規入所申込の不承諾と継続利用の不承諾は別物と捉えて判断を行っている。そして，保育所等で保育を受けることは幼児期の児童の人格形成に重大な影響があり，児童が保育園で継続的に保育を受ける機会を喪失することによる損害は，事後的な金銭賠償等によって補填されるものではないとして，行政事件訴訟法上の執行停止の要件としての「重大な損害を避けるため緊急の必要がある」とした。

さらに，本案についてみると，①Aさんは出産後心理的に不安定な状況になっており，Aさんの夫は就業が不規則で家事や育児に対して十分な協力を期待できず，またうつ病を再発する懸念もあるなどの事情を勘案すると，保育の利用を継続する必要性がないと断ずることはできない，②本件解除処分をするにあたって行政手続法上の聴聞手続きをとっていない，ことを理由に「本案について理由がないとみえるとき」には当たらないというべきで，執行停止が認められるとした。

なお，B市の条例の内容について，Aさんは，追加の規定が抽象的なものにとどまりいかなる場合に保育の継続利用が可能なのか不明瞭であること，育児休業は単なる休暇ではなく，子の養育と育児休業後の復帰のための準備期間であり就労の一形態ということができることを理由に，育児休業中の保育の必要性についての運用状況は子ども子育て支援法施行規則やＢ市の条例の他の部分に反すると主張していたが，この部分については判断がなされなかった。ただし，別の人が同じく育休退園についてＢ市と仮の差止めを申し立てた事案では，当該条例の追加の規定のような補完的な規定は，ある程度抽象的な表現になることはやむを得ず「不当であるということはできない」と判断されている（さいたま地方裁判所平成23年7月23日決定，判例集未登載）。

4．子ども・子育て支援制度の法的課題

（1）最低基準に基づく保育を受ける「子どもの権利」

保育では2000年代年以来，逼迫する財政状況下で保育の量的拡大を図っていかねばならないという課題の中で，人員配置や居室の床面積等について規制緩和が繰り返されてきた。子ども・子育て支援制度では，まず現状が優先され，その現状にあわせて基準が定められるという状況が続いている。また，コスト削減と量的拡大を狙い，保育分野への企業の参入を促す観点から，最低基準が参入障壁だとして緩和を求める意見もある。子どもの最善の利益を軽視する方針では，「親の施設」としての保育所にならざるをえない。

さらに，最低基準が遵守できないところでは，児童の生活環境として不適切なだけでなく，事故のリスクも高まる。「地域の実情を踏まえた」という語は，最低基準を制度として確保できなくする危険性をはらんでいる。

保育所に入所している児童が，保育所最低基準に基づく保育を受ける権利を有するかについては，これを肯定するもの（神戸地方裁判所昭和48年3月28日決定判例時報707号86頁）と，否定するもの（名古屋地

方裁判所平成 21 年 11 月 5 日判決賃金と社会保障 1526 号 51 頁）がある。

否定説の根拠は，最低基準は労働大臣の裁量的判断によって定められ，児童福祉法には，児童福祉施設の入所児童またはその保護者には最低基準を確保するよう請求する権利を有すると定めた規定はない，というものである。一方，学説の多数説は，憲法 25 条や児童福祉法の趣旨から，最低基準に基づく保育を受ける権利を認めるべきとしている。

（2）市町村の保育実施義務

子ども・子育て支援法が成立するにあたり，市町村の保育実施義務（児童福祉法 24 条 1 項）は変わることになった。もとは，同項ただし書きで，市町村は保育に対する需要の増大など「やむを得ない事由」がある場合には，「その他の適切な保護」を行う義務があるとされていたが，この部分が削除された。その理由として，新制度では，認定こども園，家庭的保育など，保育所以外の施設・事業を選択できるためと説明されている。これまで，「その他の適切な保護」は認可外保育所の紹介や情報提供ですまされてきたことに比べると，市町村は保育所保育ができない場合，認定こども園あるいは家庭的保育事業等による保育を確保するために必要な措置を講じなければならないとされ（児童福祉法 24 条 2 項），従来よりも裁量が限定され，保育の確保責任を負うようになったという見方もある。

しかし，必要な保育が確保されないために，希望する施設に入所できない，一定期間認可外保育所を利用することで必要度の指数を挙げて選考に臨む，希望する時期（子どもの年齢）で入所ができないといった状況は続いている。このような問題を解消するためには，保育所保育の確保が優先になるような国庫負担の在り方，保育所と質的に同等の保育となるような地域型保育給付の事業への最低基準（保育士の資格を含む）

とあわせて検討することが必要であろう。

5. まとめ

子ども・子育て支援法は，喫緊の課題である待機児童問題への対応だけでなく，社会保障と税の一体改革による消費税財源の投入があって実現できたものである。さらに，小学校入学前の児童を対象とする保育所（児童福祉法）と幼稚園（学校教育法）の一元化を目指す議論も含んでいる。現在のところ，認定こども園法でも一元化は実現せず，子ども・子育て支援法の施設型給付には，保育所，認定こども園，幼稚園が並ぶことになった。この他に，地域型保育給付として小規模保育，家庭的保育，居宅訪問型保育，事業所内保育がある。このように新制度のもとでは，多様な施設が立ち並ぶことになり，利用者にとって選択の幅が広がったことはプラスであるが，保育の量も求めたため，子ども目線での保育の質という観点からは，一貫性のない，多くの例外がある「最低基準」が設定されてしまっている。

実施主体である市町村は，保護者からの申請により支給要件の認定を行い給付が開始される。施設や事業者には給付費が直接支払われる代理受領を取り入れている。このような個人給付方式を採用することにより，措置方式であったときと異なり，保育ニーズが増大する中にあっても，予算の制約を受けにくい仕組みとなった。

一方で，保育サービスを支える保育士不足は深刻であり，地域で保育士の獲得合戦も行われている。すでに新制度の前から，保育士の労働条件の悪化は指摘されており，保育士の長時間労働が常態化し，それがさらに離職につながり，人員不足を招いている。保育士不足を解消するため，国は短時間勤務の保育士を充てたり，保育を担う者の資格を緩和したりすることで対応しようとしている。しかし，OECD が提唱するように，幼児期のケアに国・社会が担うべき役割—特に財政負担と基盤整備—は大きい。子育て責任の分担の在り方を保育のレベルでも再検討すべきであろう。

〉〉注記

注 1）山口慎太郎『子育て支援の経済学』日本評論社　2021 年。

注 2）OECD Social Expenditure Database（SOCX）。

注 3）衣笠葉子「子ども・子育て支援制度を契機とした国と地方の役割・権限の変化と保育の実施義務」社会保障研究第 3 巻第 2 号，190-204 頁。

注 4）穴山徳夫『児童福祉法・母子福祉法・母子保健法の解説』時事通信社　1951 年。

注 5）守泉理恵「市町村子ども・子育て支援事業計画の策定と実施に関する検証：自治体ヒアリングにもとづく考察」社会保障研究第 3 巻第 2 号，222-239 頁。

注 6）桑原洋子・田村和之編『実務注釈　児童福祉法』信山社　140-141 頁　1998 年。

注 7）「育児休業に伴う入所の取扱いについて」（平成 14 年 2 月 22 日雇児保発第 0222001 号厚生労働省雇用均等・児童家庭局保育課長通知）。

参考文献

・柏女霊峰『子ども・子育て支援制度を読み解く—その全体像と今後の課題』誠信書房　2015 年

・田村和之・伊藤周平・木下秀雄『待機児童ゼロ』信山社　2018 年

・田村和之『保育判例ハンドブック』信山社　2016 年

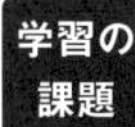

1. 子ども・子育て支援法にもとづいて保育を受ける仕組みをまとめてみよう。
2. 子どもの権利保障の観点から，保育を巡る課題を考察してみよう。

9 障害概念の変容と障害者に関する法の課題

廣田久美子

《**本章のねらい**》 障害のある人の法的地位に直結する障害概念がどのように変わり，障害のある人に関する法律や制度にいかなる影響を与えているかを学ぶ。また，事例を通して，障害者差別解消法の課題について学ぶ。
《**キーワード**》 障害者権利条約，社会モデル，合理的配慮

事例

Aさんは，先天性の脳性麻痺で肢体や発語機能も不自由である。30代前半まで何とか歩けたが，40代になってからは車いすでの生活を送っている。Aさんは仕事のため勤め先まで移動する必要があり，障害者総合支援法に基づく地域生活支援事業の移動支援を利用したいと思ったが，同制度は通勤には使うことができなかった。

そこで，Aさんは電動車いすで最寄りの駅を利用する際は，駅員に車いすを預けて階段を昇り下りした。別の地域では，駅の階段の前で車いすを降り，ヘルパーの介助で階段を使い，駅員には車いすと荷物を運んでもらっていた。

しかし，ある日，Aさんの利用する鉄道を運営する会社は，Aさんの最寄りの駅を無人化することとした。鉄道会社側は，少子高齢化や人口減少で利用者の減少傾向が顕著になっていて，放置すれば会社の経営が立ち行かなくなるとして，効率的な事業運営のために，駅の無人化は必要だという。

Aさんは，以前は思い立って駅に行きさえすれば，駅員さんに手伝ってもらえたが，無人化によって，今は前日の夕方までの電話予約が必要になった。言葉を聞き取ってもらいにくいAさんはその度に人に頼まなけ

ればならないため，その苦痛はとても大きいという。
（2021 年５月 14 日付朝日新聞デジタルを参照して筆者作成）

事例のポイント

車椅子を利用しているＡさんは，駅の無人化により，前日の夕方までに電話予約をしなければ，通勤で電車を利用することができない状態となった。障害のため，電話も人に頼まなければならないＡさんに地域での生活を保障するためには，どのような法的な課題があるだろうか。

1．障害の概念の変容

（1）障害の概念

下肢に障害のある人にとっての２階にあるレストランや，視覚障害のある人にとっての墨字（紙に書かれた文字）のレストランのメニューについて考えてみよう。もし，レストランが１階にあったりエレベーターがあったり，さらに車いすが入れるスペースとスロープがあれば，下肢に障害があることを意識せずに過ごすことができるだろう。同様に，視覚に障害があっても点字のメニュー表があれば，障害がない人と同じように料理を注文することができるだろう。障害は，周囲の状況や社会のあり方に密接に関連しているものということができる。

日本が 2014 年に批准した障害者権利条約では，障害について，その前文で「障害が発展する概念であることを認め，また，障害が機能障害を有する者とこれらの者に対する態度及び環境による障壁との間の相互作用であって，これらの者が他の者との平等を基礎として社会に完全かつ効果的に参加することを妨げるものによって生ずること」，第１条で「障害者には，長期的な身体的，精神的，知的又は感覚的な障害を有する者であって，さまざまな障壁との相互作用により他の者と平等に社会に完全かつ効果的に参加することを妨げられることのあるものを含む」と規定し，いわゆる障害の社会モデルを採用している[注1)]。

障害の社会モデルとは，障害を，主として社会によって作られた問題とみなし，基本的に障害のある人の社会への完全な統合の問題としてみる見方である。障害は個人に帰属するものではなく，諸状態の集合体であり，その多くが社会環境によって作り出されたものであると考えられる。すでに見たように，障害が個人の機能障害から帰結されるものではなく，社会のあり方に密接に関連するという社会モデルの考え方からすると，障害は個人の能力の問題というよりは，制約を引き起こす社会のあり方そのものが問題であるという視点を提供することになるのである。

障害の社会モデルが出現する以前は，障害を個人の機能障害のレベルで捉える考え方が一般的であった。1975 年の第 30 回国連総会で採択された障害者の権利宣言では「先天的か否かにかかわらず，身体的又は精神的能力の不全のために，通常の個人又は社会生活に必要なことを確保することが，自分自身では完全に又は部分的にできない人のことを意味する」と定義された。1980 年に世界保健機関（WHO）が公表した「国際障害分類」では，障害を①病気・けがが顕在化したもので，形態異常も含む機能障害（impairment），そのために日常生活に必要な行為が制限される能力障害ないし能力低下（disability），③さらにそのために社会的な役割が十分果たせなくなる社会的不利（handicap）の 3 つに分けて整理した。これは障害を医療の対象たる心身のみに限定せず，①心身のレベル，②日常活動のレベル，③社会生活のレベルという 3 つのレベルで総合的にとらえようとする考え方といえる。さらに，2001 年に改訂された国際生活機能分類（ICF）においては，こうした考え方を踏まえつつ，環境との相互作用を重視する等の修正が加えられた[注2)]。国際生活機能分類（ICF）では，医学モデルとは，「障害という現象を個人の問題としてとらえ，病気・外傷やその他の健康状態から直接的に生じるものであり，専門職による個別的な治療という形での医療を必要とするものとみる。障害への対処は，治癒あるいは個人のよりよい適応と行動変容を目標になされる。主な課題は医療であり，政治的なレベルでは，保健ケア政策の修正や改革が主要な対応となる」とされる。

医学モデルに対する社会モデルの出現は，障害のある人が経験する制約をもたらす社会的障壁に視点を据えることによって，保護の客体から権利の主体へというパラダイムの転換を促し，障害問題を，いわゆる福祉の問題から人権の問題へとその領域を拡大させることになった[注3)]。

（2）日本の障害者福祉関係法における障害の定義

法律上の「障害」や「障害者」に該当するかどうかは，各法施策の対象となるかどうかをわける重大な問題である。法の目的が異なれば，それに伴って障害の定義も異なることが考えられるが，日本の障害者福祉関係法は，共通する障害者の定義を用いているものが多い。以下では，一部ではあるが，その具体的な定義とその課題についてみていこう。

1）障害者基本法における障害（者）の定義

障害者基本法は，「全ての国民が，障害の有無によって分け隔てられることなく」「共生する社会」を構築することを目的とし（1条），障害者施策全般の基本的方針を示した法律である。障害者基本法による障害の定義は，2011年の改正によるもので，社会的障壁による制限を文言に含むなど，社会モデルを意識したものとなっているが，前述した障害者権利条約の趣旨に沿ったものとなっているか，という点については議論がある。例えば，機能障害があることを定義に含んでいること自体が医学

表 9-1　障害福祉関係法における障害等の定義

法律名	障害等の定義
障害者基本法 障害者差別解消法	身体障害，知的障害，精神障害（発達障害を含む。）その他の心身の機能の障害…がある者であって，障害及び社会的障壁により継続的に日常生活又は社会生活に相当な制限を受ける状態にあるもの
障害者総合支援法	身体障害者福祉法第四条に規定する身体障害者，知的障害者福祉法にいう知的障害者のうち十八歳以上である者及び精神保健及び精神障害者福祉に関する法律第五条に規定する精神障害者（発達障害者支援法第二条第二項に規定する発達障害者を含み，知的障害者福祉法にいう知的障害者を除く。…）のうち十八歳以上である者並びに治療方法が確立していない疾病その他の特殊の疾病であって政令で定めるものによる障害の程度が厚生労働大臣が定める程度である者であって十八歳以上であるもの
身体障害者福祉法	別表に掲げる身体上の障害がある十八歳以上の者であつて，都道府県知事から身体障害者手帳の交付を受けたもの
精神保健福祉法	統合失調症，精神作用物質による急性中毒又はその依存症，知的障害，精神病質その他の精神疾患を有する者
発達障害者支援法	自閉症，アスペルガー症候群その他の広汎性発達障害，学習障害，注意欠陥多動性障害その他これに類する脳機能の障害であってその症状が通常低年齢において発現するものとして政令で定めるもの
バリアフリー法	高齢者又は障害者で日常生活又は社会生活に身体の機能上の制限を受けるものその他日常生活又は社会生活に身体の機能上の制限を受ける者

モデルによっているという批判があり，現在機能障害がなくても，過去に機能障害があった経歴がある人は，障害者基本法にいう障害者にはあたらず，広範な障害者施策の範疇の外に置かれることになる。このような人が何らかの差別を受けた場合は，障害に基づく差別という側面があるにもかかわらず，障害者基本法の障害の定義をトレースした障害者差

別解消法では対象とならないという問題が生じる可能性がある。

2）障害者福祉関係法における障害（者）の定義

障害者総合支援法では，表9-1のとおり，難病を含んで障害者を広く定義しているが，障害の定義そのものは身体障害者福祉法等の定義に依拠していることがわかる。

では，身体障害者福祉法等での定義はどのように規定されているのであろうか。身体障害者福祉法では，児童福祉法との関係で年齢要件があると同時に，手帳の交付を要件としていることを特徴としている。これは障害の認定の専門性によるものであるとともに，公平迅速な措置のための便法であると説明されている[注4)]。

知的障害者福祉法では，知的障害の定義や身体障害者手帳のような手帳制度は存在しない。ただし，定義に関しては，精神保健福祉法において，知的障害も精神障害に含まれることになっている。なお，実務上は，厚生労働省の「知的障害児（者）基礎調査」のように，「知的機能の障害が発達期（おおむね18歳まで）にあらわれ，日常生活に支障が生じているため，何らかの特別の援助を必要とする状態にあるもの」などとされているほか，通達に基づく制度として導入された療育手帳がある（現在，地方分権により地方独自の制度となっていて，名称は地方自治体によって異なる）[注5)]。また，精神障害者については，精神保健福祉法に基づいて精神障害者保健福祉手帳（45条等）がある。

なお，発達障害者支援法における発達障害の定義は，障害の国際分類上これらの障害群の共通点を明確にした定義を見出すことはできず，あくまで行政的な定義として発達障害を位置付けたものとされている[注6)]。

では，所得保障を担う障害年金における障害はどのように扱われているのだろうか。国民年金法に基づく障害基礎年金及び厚生年金保険法に基づく障害厚生年金についてみると，「障害等級に該当する程度の障害の状態にある」（国民年金法 30 条 1 項，厚生年金保険法 47 条 1 項）ことが各障害年金の支給要件となっており，上記各法とは異なる障害等級により障害を認定している。障害等級は，精神障害の場合には「日常生活の用を弁ずることを不能ならしめる程度」「日常生活に著しい制限を受ける程度」という抽象的な表現となっているが，身体障害は多くが具体的な数値基準で示されている。

3）障害（者）の定義をめぐる法的課題

上記の障害の定義と国の施策の関係でみると，①給付に関わるもの，②事業者等への義務を課すもの，③差別の禁止に関わるものに分類することができる。①の類型においては，例えば障害者総合支援法や国民年金法，厚生年金保険法のように，サービスや金銭を支給するための基準として作用するのに対し，②では，高齢者，障害者等の移動等の円滑化の促進に関する法律（バリアフリー法）などのように，国が罰則等を用いて事業者に対する義務づけを行うため，あるいは障害者差別解消法のように合理的配慮を行うべき人的対象を確定する基準である。また，③は差別となる対象を画する基準として機能するものである。このように，障害の定義は，国がどのような施策を策定していくかを左右するものであることからすると，いわば国の障害者に対する義務のあり方を決定づける役割を果たしていると言えよう。

②，③のように給付に関わらないものに関しては，機能障害だけでなく社会的障壁との関わりや社会生活における制限を含んだ定義となっている。一方，①に関して，障害者手帳の所持が障害者施策の対象となるものについては，その要件がほとんど身体的，知的，精神的な機能の観点から医学的にその損傷や器官の欠陥の有無を評価するという，いわゆる障害の医学モデルに依拠していることがわかる。障害者手帳の所持を

前提にしていない制度においても，医師による診断書や意見書が必要であったり，障害認定基準が具体的な数値基準で示されていたりすることが多い。公的な施策や給付は，できる限り客観的で公平に行う必要があるから，障害の医学モデルは，一面では合理的といえるのであるが，主に医学的指標によって認定された障害の程度と実際の生活のなかでの障害の程度が一致しない状況は十分に考えられる。このことは，障害の種別に関わらず，障害がありながらそれに見合った認定を受けられない障害者がいる可能性と同時に，実際の生活上の障害の程度よりも重度の認定を受ける障害者もいることを示唆している[注7)]。

また，障害者総合支援法では，リストで列挙する方式（障害者総合支援法4条）で難病患者も対象としている。これは疾病名で対象者を決定するため，当事者が直面している生活上の困難や自立の阻害状態を必ずしも反映せず，障害者福祉のニーズに対応しない場合も出てくる。そのため，法の定義の谷間にこぼれる人が出てくるという問題も生じている[注8)]。

2. 障害者差別解消法の視点から

(1) 障害者差別解消法の概要

事例では，車いすを使っているAさんが鉄道を利用できなくなり，鉄道会社に移動の介助を提供してもらえない状況にあるが，これは障害者に対する差別には当たらないのだろうか。

障害を理由とする差別の解消の推進に関する法律（障害者差別解消法）は，障害者権利条約の批准に向けた必要な国内法の整備として，2013年に成立，2016年から施行されたものである。具体的には，障害者権利条約で規定されている，合理的配慮の不提供が障害に基づく差別にあたること（2条）や，一般原則としての無差別（3条），締約国の一般的義務として，障害を理由とするいかなる差別もなしに，すべての障害者のあらゆる人権及び基本的自由を完全に実現することを確保し，及び促進するため，障害を理由とする差別を撤廃するためのすべての適当な措置をとること（4条）などに対応する必要があったため，障害者基本法改正によって，差別の禁止（4条）を具体化したものとして差別解消法が位置づけられた。

国の行政機関や地方自治体などの行政機関等と事業者を対象に，障害を理由とする差別の禁止を義務づけるとともに，過重な負担とならない範囲で社会的障壁を除去すべき合理的配慮義務を課すことを内容としている。

冒頭の事例では，鉄道会社がAさんに対して移動の介助という合理的配慮を提供する義務が生じるのかどうかが問題になるであろう。

（2）法の対象となる障害者と社会的障壁

障害者差別解消法の法的保護を受ける者である「障害者」は，表9-1のとおり，障害者基本法上の障害者と同様に必ずしも障害者手帳の所持を要件とせず，広い範囲の障害者が想定されている。この社会的障壁は「障害がある者にとって日常生活又は社会生活を営む上で障壁となるような社会における事物，制度，慣行，観念その他一切のものをいう」と定義されており，例えば，事物として通行や利用しにくい施設・設備や，利用しにくい制度，障害者の存在を意識していない慣習や文化，障害者への偏見といったものが挙げられる。つまり，建物の段差などに限らず，医療サービスの体制が不十分であるといった不作為の状況も含む広い概念として捉えることができる。

(3) 障害を理由とする差別の類型

行政機関等の障害者に対する「障害を理由とする差別」として,「不当な差別的取扱い」と「合理的配慮を行わないこと」の二つの類型が規定されている（7条, 8条)。

不当な差別的取扱いについては, 事業者と行政機関について, 障害を理由として障害者でない者と不当な差別的取扱いをすることにより, 障害者の権利利益を侵害してはならないとの法的義務を課している。不当な差別的取扱いとは, 障害者であることのみを理由に商品やサービスの提供を拒否したり, 制限したり, 条件を付けたりするような行為である。ただし, このような取扱いをすることについて正当な理由がある場合には, 本法にいう不当な差別的取扱いには当たらない。

また, 事業者と行政機関は, 障害者から現に社会的障壁の除去を必要としている旨の意思の表明があった場合において, その実施に伴う負担が過重でないときは, 障害者の権利利益を侵害することとならないよう, 障害者の性別, 年齢および障害の状態に応じて, 社会的障壁の除去の実施について, 必要かつ合理的な配慮をしなければならない。つまり, 障害者などから何らかの配慮を求める意思表示があった場合には, 負担になり過ぎない範囲で, 社会的障壁を取り除くために必要で合理的な配慮を行うことが求められる。こうした配慮を行わないことにより, 障害者の権利利益が侵害される場合には, 差別に当たる。

合理的配慮の具体的内容は, ガイドライン等で示されているが, 典型的な例としては, 乗り物への乗車に当たっての職員などによる手助けや, 筆談や読み上げなどの障害者の障害特性に応じたコミュニケーション手段による対応, 車いす利用者のための段差の解消のための渡し板の提供などがある。

この合理的配慮の不提供が正当化されるのは, 実施にともなう負担が

「過重」である場合であり，過重かどうかの判断は，参議院の付帯決議では「その水準が本法の趣旨を不当にゆがめることのない合理的な範囲で設定されるべきであることを念頭に，事業者の事業規模，事業規模からみた負担の程度，事業者の財政状況，業務遂行に及ぼす影響等を総合的に考慮すること」としている。

なお，バリアフリー法に基づく公共交通施設や建築物等のハード面でのバリアフリー化などは，「環境の整備」と位置づけられ，個別的・事後的対応を求める合理的配慮とは区別して推進することとされている。

（4）ガイドライン等

不当な差別的取扱いや合理的配慮の不提供については，個々の場面の状況ごとに判断されるものであり，あらかじめ法律で列挙することは困難であることから，これらの具体的内容に関しては，ガイドライン等によって示されている。ガイドラインの役割を果たすものとして，行政機関等の公的部門においては公務員等の行動指針たる対応要領（9条，10条），事業者の民間部門においては事業者の行動指針たるべき対応指針（11条）が，行政機関等の長や事業者を管轄する主務大臣などによってそれぞれ策定される（なお，地方公共団体の機関等による策定は任意である）。

対応要領，対応指針ともに，政府の示す基本方針に即して策定されることになっているため，政府は，障害を理由とする差別の解消に向けた施策の基本的な方向，対応要領や対応指針に盛り込むべき事項や作成に当たって留意するべき点，相談，紛争の防止・解決の仕組みや地域協議会などについての基本的な考え方などを示した基本方針を示している。

また，作成の際には「あらかじめ，障害者とその他の関係者の意見を反映させるために必要な措置を講じなければならない」と明記されていることから，障害者団体のヒアリングを行い，その後パブリックコメントにかけるといった手続きを経ている。

対応要領は，行政職員の服務規程として位置づけられ，懲戒処分の規定が設けられている。事業者については，主務大臣は，特に必要があると認めるときは，対応指針に定める事項について，当該事業者に対し，報告を求め，又は助言，指導若しくは勧告をすることができる（12 条）。また虚偽報告など悪質な場合には罰金を科すことも規定されている（26 条）。

対応要領や対応指針では，個別の場面での判断に資するよう，不当な差別的取扱いの具体例や合理的配慮の好事例等が示されている。例えば，差別的取扱いとして「消費者庁所管事業分野における障害を理由とする差別の解消の推進に関する対応指針」では，障害者であることのみを理由として，「窓口対応を拒否，又は対応の順序を劣後させること」，福祉事業者向け対応指針では「正当な理由なく，本人の意思又はその家族等の意思（障害のある方の意思を確認することが困難な場合に限る。）に反して，福祉サービス（施設への入所，通所，その他サービスなど）を行うこと」などが挙げられている。

事例に関しては，国土交通省所管事業における障害を理由とする差別の解消の推進に関する対応指針があり[注9)]，鉄道関係事業の差別的取り扱いの具体例として，「障害があることのみをもって，乗車を拒否する」，「障害があることのみをもって，乗車できる場所や時間帯を制限し，又は障害者でない者に対して付さない条件をつける」などが挙げられている。合理的配慮との関係では，過重な負担とならない場合に，提供することが望ましいと考えられる事例として，「障害のある方が列車に乗降する，又は列車の乗降のために駅構内を移動する際に手伝う」が挙げられている。

3. まとめ

障害の概念は，個人の属性や克服すべき課題ではなく，社会的障壁との連関によってとらえられるべきとする社会モデルの考え方が浸透してきたが，障害者福祉に関係する法律や各年金法においては，いまだ医学モデルに基づく基準が多く残っている。これは，客観的な判断指標を必要とする給付を規定する法律の性質という側面からは有用であり，合理的といえるが，障害者権利条約や障害者基本法との齟齬があることは否定できない。事例でＡさんが鉄道を使って移動できないことは，障壁そのものであり，障害者の社会参加や地域での自立した生活を目指した障害者権利条約や障害者基本法からしても，大きな問題であるといえる。

また，Ａさんの移動に際して，事前に予約がないと，事実上，鉄道会社から移動の介助が受けられず，鉄道を利用できないことは，鉄道の利用について障害のない人に課されていない「事前の予約」という制限が課されているということになり，差別的取扱いに当たる可能性が高い。しかし，すでに見たように合理的配慮の提供が義務付けられるのは，提供する側にとって過重な負担とならない場合であるから，駅の無人化の必要性や従前どおりの移動の介助を提供できない事情（会社の経営状況等）等によっては，合理的配慮を提供することが鉄道会社にとって過重な負担に該当することとなる可能性がある。その際，過重な負担の判断は個別具体的に行われざるを得ないことから，今後の判例の積み重ねが待たれる。

〉〉注記

注１）菊池馨実・中川純・川島聡編『障害法（第２版）』成文堂　2021年　５頁（川島聡・菊池馨実執筆部分）。

注2）本沢巳代子・新田秀樹編『トピック社会保障法（第15版）』不磨書房/信山社　2021年　182頁（新田秀樹執筆部分）。

注3）河野正輝・東俊裕『障がいと共に暮らす―自立と社会連帯―』放送大学教育振興会　2009年　29頁　長瀬修・東俊裕・川島聡編『障害者の権利条約と日本』生活書院　2008年　39頁。

注4）伊奈川秀和『〈概観〉社会福祉法（第2版）』信山社　2020年　131頁。

注5）前掲注4，133頁。

注6）独立行政法人高齢・障害・求職者雇用支援機構障害者職業総合センター『発達障害者支援の現状と課題　リーディングス No.1 発達障害のある人がよりよい就労を続けるために』11頁。

注7）山村りつ「所得か自立生活か：わが国の障害年金をめぐる今日的課題」政経研究第51巻3号70頁。

注8）山田晋『社会福祉法入門』法律文化社　2022年　88頁。

注9）国土交通省「国土交通省所管事業における障害を理由とする差別の解消の推進に関する対応指針」（平成29年3月）。

1. 障害者に関する法律の障害の定義の特徴にはどのようなものがあるか，まとめてみよう。
2. 障害者差別解消法における合理的配慮について，まとめてみよう。

10 障害者雇用と就労支援

廣田久美子

《**本章のねらい**》 障害のある人が就労を通して社会参加を果たそうとするとき，どのような課題があるのか。障害者雇用の事例を通して，障害者雇用促進法や障害者総合支援法における雇用促進・就労支援施策や，障害者の就労をめぐる課題について学ぶ。

《**キーワード**》 障害者雇用率制度，就労系障害福祉サービス，合理的配慮

事例

Aさんは，右下肢機能障害により，身体障害者等級では肢体不自由4級の認定を受けている。Aさんは，職業安定所主催の身障者合同就職説明会で，B社の採用担当者らと面接をした後，個別面接及び筆記試験を受け，6か月間の雇用期間を定めた嘱託契約社員としての雇用契約を締結した。Aさんの主な業務内容は，主として，行政機関に提出する申請書や会議に必要な資料等をパソコンを使って作成することであった。

B社では，一般の採用枠とは別個に障害者枠を設けており，障害者を障害者枠で採用する場合には，最初に6か月間の嘱託契約期間を定めた嘱託契約社員として契約を締結した上で，その後正社員に移行させるという障害者枠制度を採用しており，Aさんはこの制度によって採用されたものであった。なお，正社員は雇用契約の期間に定めがなく，年度ごとにB社の定める賃金規則に従って賃金の増減があるが，嘱託契約社員は，雇用契約の期間を通常1年と定められ，賃金は採用年度の正社員の支給額を基準にして決定される。

Aさんは，6か月間の嘱託契約期間を終えて，そのままB社の正社員となったが，障害者枠における嘱託契約期間について不満があったため，C課長と面談した。C課長は，嘱託契約期間は障害の程度が会社の求める業務遂行に支障をきたすか否かを純粋に見極めるためのもので差別的なも

のではない旨を述べたが，その後4回にわたる面談においても，Aさんは障害者枠制度に対して納得できずにいたところ，採用から8か月後に退職勧奨を受けBを退職した。

Aさんは，Bの雇用期間中に受けた障害者差別及びこれによる退職によって精神的苦痛を被ったとして，Bに対して慰謝料を求めた。

（東京地方裁判所判決平成18年4月25日労働判例924号112頁）

事例のポイント

この事例は，障害者枠で雇用された障害のある労働者が，障害者枠で採用された者にだけ嘱託契約期間があることを疑問に持ったことなどから，最終的に退職勧奨を受けたとして，慰謝料等を求めたものである。この企業で行われていた，障害のある人を対象にした「障害者枠」での採用に法的問題がないかが争点の一つになっている。

1．障害者雇用の現状

厚生労働省の発表では，2021年6月時点で，雇用障害者数は59万7,786人，民間企業における障害者雇用率は2.20％，前年比で0.05ポイント増となり，雇用障害者数，実雇用率ともに過去最高を更新している（図10-1）。しかし，賃金，昇給・昇格，研修制度といった労働条件や職場環境に問題があるケースも少なくない。

冒頭の事例に登場した，障害者を一定数雇用することを前提とした「障害者枠」のような制度は，一般的には正当な理由に基づく処遇の区別として肯定的に評価されるものであるが，その前提として障害のある者も障害のない者と同様の雇用の機会が保障されていなければならない。しかし，障害者雇用枠で働いている者の中には，最低賃金に近い労働条件で働いているケースも多いと考えられ，就業後の就労の維持や昇進機会の獲得など，障害のない労働者が当然に享受しうる労働環境や労働条件が得られていないことが多いとの指摘がある。その背景として，割当雇用制度による障害者雇用では，障害者を雇用するために仕事を「切り出す」ため，就労内容が軽易である場合が多く，賃金が低い状態が継続することが多いことが挙げられる。

実際に，2018 年度障害者雇用実態調査によると，1 か月の平均賃金は精神障害者 125,000 円，発達障害者 127,000 円と，一般雇用の正社員賃金（25 歳～29 歳の男性で 1 か月平均 245,700 円）（厚生労働省「平成 30 年賃金構造基本統計調査の概況」）と 12 万円程度の差がある。

また，障害者の職場定着率は障害のない労働者よりも低い水準で推移している[注1)]。その理由としては，障害者が職場で孤立感を深めたり，作業内容が軽すぎ（又は重すぎ）たり，能力に応じた評価や昇進・昇格の機会がないことが挙げられる。適切な就労の能力の評価がない入口支援のみでは，障害者が障害のない労働者よりも劣位に置かれることを固定し，場合によってはその固定化を推進する効果を持ちうることにも留意しなくてはならない。

そこで，本章では，障害者が働くための制度や法的支援の現状とその課題について学んでいこう。

なお，冒頭の事例の当時には，障害者総合支援法はなく（障害者総合支援法は 2013 年 4 月 1 日施行である），障害者権利条約も発効していなかったなど，現在とは事情が異なるが，本章では便宜上，現行の法制度を念頭において記述する。

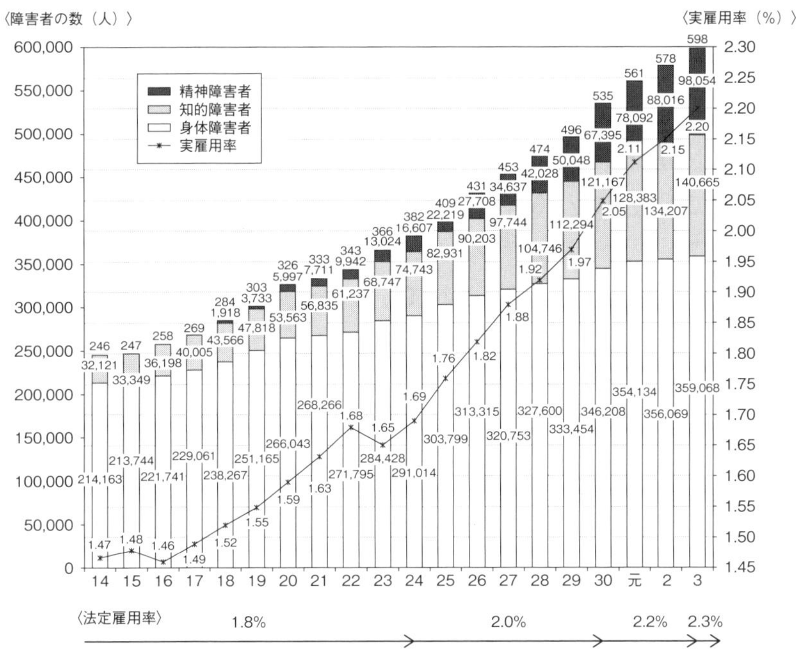

注1：雇用義務のある企業（平成24年までは56人以上規模，平成25年から平成29年までは50人以上規模，
平成30年から令和2年までは45.5人以上規模，令和3年以降は43.5人以上規模の企業）についての集計である。

注2：「障害者の数」とは，次に掲げる者の合計数である。

平成17年まで
- 身体障害者（重度身体障害者はダブルカウント）
- 知的障害者（重度知的障害者はダブルカウント）
- 重度身体障害者である短時間労働者
- 重度知的障害者である短時間労働者

平成18年以降
平成22年まで
- 身体障害者（重度身体障害者はダブルカウント）
- 知的障害者（重度知的障害者はダブルカウント）
- 重度身体障害者である短時間労働者
- 重度知的障害者である短時間労働者
- 精神障害者
- 精神障害者である短時間労働者
（精神障害者である短時間労働者は0.5人でカウント）

平成23年以降
- 身体障害者（重度身体障害者はダブルカウント）
- 知的障害者（重度知的障害者はダブルカウント）
- 重度身体障害者である短時間労働者
- 重度知的障害者である短時間労働者
- 精神障害者
- 身体障害者である短時間労働者
（身体障害者である短時間労働者は0.5人でカウント）
- 知的障害者である短時間労働者
（知的障害者である短時間労働者は0.5人でカウント）
- 精神障害者である短時間労働者（※）
（精神障害者である短時間労働者は0.5人でカウント）

※平成30年以降は，精神障害者である短時間労働者であっても，次のいずれかに該当する者については，1人分とカウントしている。
①通報年の3年前の年に属する6月2日以降に採用された者であること
②通報年の3年前の年に属する6月2日より前に採用された者であって，同日以後に精神障害者保健福祉手帳を取得した者であること
注3：法定雇用率は平成24年までは1.8%，平成25年から平成29年までは2.0%，平成30年から令和2年までは2.2%，令和3年以降は2.3%となっている。

出典：厚生労働省「令和 3 年障害者雇用状況の集計結果」（令和 3 年 12 月 24 日）

図 10-1　民間企業における障害者の雇用状況（実雇用率と雇用されている障害者の数の推移）

2. 障害者の雇用・就労と障害者権利条約

「障害者の権利に関する条約」(以下「障害者権利条約」という。) は2006年に国連総会で採択され，2008年に発効したものである。それ以前にも国連で採択された障害関係文書はあったが，形式的に法的拘束力を持たないことや，それまでの主要な人権条約 (社会権規約等) で障害者に対する十分な取組みがなされていなかったことなどの問題があった[注2)]。メキシコ提案の「障害者の権利及び尊厳を保護・促進するための包括的・総合的な国際条約」に関する決議案の採択と条約作成交渉のための特別委員会 (アドホック委員会) が設置されたことを端緒に，2002年以降8回にわたるアドホック委員会における条約交渉を経て，障害者権利条約は採択され，日本は2014年に批准した。

障害者権利条約1条では，「すべての障害者によるあらゆる人権及び基本的自由の完全かつ平等な享有」を目的として掲げ，「地域社会で生活する平等の権利」(19条) や，それを保障するための「地域社会に完全に受け入れられ，及び参加することを容易にするための効果的かつ適当な措置」をとることや，「地域社会からの孤立及び隔離を防止する」ために必要な「地域社会支援サービス (人的支援を含む。)」[注3)]を利用できるようにしなければならないと規定している。このような障害者の地域社会への移行を考えたとき，地域生活そのものの支援とともに，地域で暮らすための社会的基盤として，就労を保障するための支援が不可欠となる。

そこで，27条では，障害者に解放され，受け入れ，利用可能な労働市場で，「障害者が他の者と平等に労働についての権利を有」し，「労働市場において障害者の雇用機会の増大を図り，及びその昇進を促進すること並びに職業を求め，これに就き，これを継続し，及びその職業に復帰する際の支援を促進すること」（同条 e 項）や「障害のある人の職業リハビリテーション及び専門リハビリテーション，職業維持並びに職場復帰の計画を促進すること」（同条 k 項）が明記されている。つまり，障害者権利条約では，障害者が労働の権利を有し，そのための支援の促進やリハビリテーション等の就労支援が求められているのである。

また，障害者権利条約が大きな影響を与えた概念のひとつに合理的配慮がある。合理的配慮は，1960～1970 年代のアメリカで誕生した概念であり，1990 年の障害をもつアメリカ人法（ADA）で規定されたことにより世界的に知られるようになった。障害者権利条約では「障害者が他の者との平等を基礎として全ての人権及び基本的自由を享有し，又は行使することを確保するための必要かつ適当な変更及び調整であって，特定の場合において必要とされるものであり，かつ，均衡を失した又は過度の負担を課さないもの」（2 条）と定義し，「平等を促進し，及び差別を撤廃することを目的として，合理的配慮が提供されることを確保するための全ての適当な措置をとる」ことが締約国に課されている（5 条）。特徴的なのは，合理的配慮が必要な場合に提供されない状況が障害者に対する差別として位置づけられることであり，そのような差別の禁止と，雇用に一定の責任と権限を持つ者に配慮提供の義務が課されるということである[注4)]。

3. 障害者の就労支援をめぐる法律関係

日本における障害者の主な就労支援には，障害者雇用促進法に基づく職業リハビリテーションの措置等と，障害者総合支援法に基づく就労系障害福祉サービスがある。以下では，この二つの法律に基づく制度を中心に概観してみたい。

（1）障害者雇用促進法

1）概要

障害者雇用促進法は，1960 年に成立した「身体障害者雇用促進法」が改正されて制定された法律であり，障害者の職業生活において自立することを促進するための措置を総合的に講じ，もつて障害者の職業の安定を図ること（1 条）を目的としている。内容としては，職業リハビリテーションの推進や，障害者の雇用に関わる機関（障害者就業・生活支援センターなど），障害者に対する差別の禁止，対象障害者の雇用義務等に基づく雇用の推進などを規定している。

近年の大きな改正としては，2013 年に事業主の障害者に対する差別の禁止及び合理的配慮の提供義務が規定され，2015 年 3 月には，その具体的な内容を定める障害者差別禁止指針及び合理的配慮指針が策定された。障害者に対する差別の禁止及び合理的配慮の提供義務については，2016 年 4 月から施行された。

2）職業リハビリテーションに関係する機関

障害者に対して職業指導，職業訓練，職業紹介等の措置を講じ，その職業生活における自立を図ることを職業リハビリテーションといい（2 条 7 号），公共職業安定所（ハローワーク）や障害者就業・生活支援センター，障害者職業センターが連携して行う。

まず，公共職業安定所（ハローワーク）は，①障害者の求職に関する情報の収集，事業主に対する当該情報の提供及び障害者の雇入れの推奨等の実施，障害者の能力に適合する求人の開拓（9 条），②求人者に対する求人条件についての指導・障害者の職業能力に関する資料の提供（10 条），③障害者に対する適性検査の実施，雇用情報の提供，職業指導等（11 条），④障害者に対する適応訓練を受けることについてのあっせん（14 条），⑤就職後の障害者への必要な助言指導（17 条），⑥事業主に対する障害者の雇用に関する助言・指導（18 条）が規定されている。

障害者就業・生活支援センターは，就業面と生活面の一体的な相談・支援を行う機関であり，都道府県知事による指定を受けた一般社団法人や一般財団法人，社会福祉法人，NPO 法人等が運営している。就業面については，就職に向けた準備支援や就職活動の支援，職場定着に向けた支援を行うことになっており，公共職業安定所（ハローワーク）や地域障害者職業センター，社会福祉施設，医療施設，特別支援学校等の関係機関との連絡調整，支援を必要としている障害者に関する状況の把握，支援を必要としている障害者を雇用する事業主に対する雇用管理に関する助言，その他の援助が総合的に行われる（28 条，障害者雇用促進法施行規則 4 条の 9）。2022 年 4 月 1 日時点で全国に 338 箇所設置されていることから，比較的身近な相談支援機関といえる。

また，地域障害者職業センターは，障害者に対する職業評価や職業指導，職業準備訓練や職業講習，事業主に対する職場への適応に関する事項や雇用管理に関する事項についての助言・指導等を担っている。各都道府県に最低 1 か所ずつ設置されている。

3）障害者雇用率制度

障害者雇用促進法における障害者雇用率制度は，雇用の場を確保することが困難な障害者に対し，社会連帯の理念に基づき，すべての事業主の責務として課されるものであり（5 条），一般事業主は，その雇用する対象障害者である労働者の数が，その雇用する労働者の数に障害者雇用率を乗じて得た数以上であるようにしなければならない（43 条 1 項）。国・地方公共団体についても，対象障害者である職員の数が一定の割合を乗じて得た数以上となるようにするため，対象障害者の採用に関する計画を作成しなければならない（38 条 1 項）。

法定雇用率は，表 10-1 のとおりであり，法定雇用率を上回った場合に

表 10-1　法定雇用率（2021 年 3 月 1 日改定）

事業主区分	法定雇用率
民間企業	2.3%
国，地方公共団体	2.6%
都道府県等の教育委員会	2.5%

は，障害者雇用調整金の支給対象となる。

4）法定雇用率が未達成の場合の障害者雇用納付金の徴収

障害者雇用納付金（53 条）の納付義務は，事業主に対して負わせられ，独立行政法人高齢・障害・求職者雇用支援機構が徴収し，身体障害者等を受け入れる事業主等に対し必要な設備の設置・雇用管理・教育訓練のために助成金を支給する際の費用に充てられる。もっとも，実際に対象となる障害者を雇用している事業主については，雇用している数に応じて減額され，法定雇用率を達成している場合にはゼロとなるように設計されている[注5)]。

5）事業主における障害者に対する差別の禁止及び合理的配慮の提供義務等

行政機関等及び事業者が事業主としての立場で労働者に対して行う障害を理由とする差別を解消するための措置については，障害者雇用促進法に定めるところによるとされていることから（障害者差別解消法 13 条），雇用分野については障害者雇用促進法に基づく差別の禁止が規定されることになっている。障害者に対し，事業主は，労働者の募集及び採用について，障害者でない者と均等な機会を与えなければならない旨を規定するとともに（障害者雇用促進法 34 条），「賃金の決定，教育訓練の実施，福利厚生施設の利用その他の待遇について，労働者が障害者であることを理由として，障害者でない者と不当な差別的取扱いをしてはならない」（35 条）とし，不当な差別的取扱いの禁止を規定している。

また，合理的配慮については，事業主に対し，労働者の募集及び採用及び採用後について，障害者と障害者でない者との均等な機会の確保の支障となっている事情を改善するため，労働者の募集及び採用に当たり障害者からの申出により当該障害者の障害の特性に配慮した必要な措置を講じなければならないとしている。このように，合理的配慮とは，障害者と障害者でない者との均等な機会や待遇の確保，障害者の有する能力の有効な発揮の支障となっている事情を改善するための必要な措置であり，どのような措置を講ずるかは，個々の障害者である労働者の障害の状態や職場の状況に応じて異なる。例えば，車椅子を使用している人のために机の高さを調節することや，知的障害のある人のために分かりやすい文書・絵図を用いて説明すること，精神障害のある人のためにできるだけ静かな場所で休憩できるようにすること等が考えられる[注6)]。ただし，事業主に対して過重な負担を及ぼすこととなるときは，この限りではない（36条の2但書，36条の3但書）。

（2）障害者総合支援法における就労系障害福祉サービス

障害者総合支援法における就労に関する支援としては，就労継続支援，就労移行支援，就労定着支援が主となる。

就労継続支援は，A型とB型がある。A型は，「通常の事業所に雇用されることが困難であって，雇用契約に基づく就労が可能である者に対して行う雇用契約の締結等による就労の機会の提供及び生産活動の機会の提供その他の就労に必要な知識及び能力の向上のために必要な訓練その他の必要な支援」を行うものである。A型事業所は障害者と雇用契約を締結しているため，労働基準法や最低賃金法などの労働法規の適用がある。B型は，「通常の事業所に雇用されることが困難であって，雇用契約に基づく就労が困難である者に対して行う就労の機会の提供及び生産活動の機会の提供その他の就労に必要な知識及び能力の向上のために必要な訓練その他の必要な支援」が提供されるものであり，雇用契約は締結しない。

就労移行支援は，就労を希望する障害者につき，2年（最長3年）を上限として，生産活動その他の活動の機会の提供を通じて，就労に必要な知識及び能力の向上のために必要な訓練その他の厚生労働省令で定める便宜を供与することをいう。

就労定着支援とは，2018年から制度化されたもので，就労に向けた支援として就労移行支援，就労継続支援，生活介護，自立訓練を受けて通常の事業所に新たに雇用された障害者につき，3年間にわたり，当該事業所での就労の継続を図るために必要な当該事業所の事業主，障害福祉サービス事業を行う者，医療機関その他の者との連絡調整，障害者が雇用されることに伴い生ずる日常生活又は社会生活を営む上での各般の問題に関する相談，指導及び助言その他の必要な支援を供与するものである。

4．障害者の就労をめぐる法的課題

（1）障害者雇用枠について

事例における，B社の採用する障害者枠制度について，裁判所は，「障害者が業務への適性や業務遂行能力を有するか否かを見極めるために必要な期間を設けることによって，B社及び障害者の双方が雇用契約を締結しやすくなるような状況を作り，B社における障害者雇用の維持・拡大を図ることを目的とした制度である」と述べ，「B社の採用する障害者枠制度においては，6か月間の嘱託契約期間中にその適性を見極めた結果，障害者の抱える障害が業務を遂行する上で決定的な支障になると判断されない限り，そのまま正社員に移行することが制度的に予定され，実際にもそのように運営されているのであるから…，かかる制度は，B社における障害者の雇用の維持・拡大に資するものということができる。」とした。B 社においては，「障害者である限り，その内容や程度を問わず，一般の採用枠で採用されることが認められていないわけではなく，障害者が一般の採用枠で採用された場合にまで…嘱託契約期間は存せず，採用の当初から正社員となるのである。そして，障害者枠制度は，…B 社における障害者雇用の維持・拡大を図ることを目的とし，現にかかる機能を有するものと認められるのであるから，この制度が障害者を差別的に取り扱うものであるということはできない」として，A さんの訴えを棄却した。

本来，障害の有無によって雇用形態が分けられることは認められないのであるが，障害によっては，単に等しい処遇を行うだけでなく，障害に配慮した労働環境等を設定したり，障害のある人が働きやすい職務を設定するといった配慮をする必要があるといった理由から，障害者枠制度は一般に「許容されない差別的取扱い」とは区別され，障害者が採用されやすくなったり，多くの障害者の雇用が維持できるというメリットがあるとされている。しかし，障害者枠制度自体が合理的であったとしても，障害者枠と一般採用枠で異なる取扱いを行っている以上，運用に差別的要素がなかったか否かについては，個別に判断する必要があろう。冒頭の事例では，障害者枠も一般採用枠も，結果的に正社員になるという点では同じであるが，正社員へ移行するかどうかという問題は，採用後の問題であり，入口，すなわち採用における合理性の判断要素ではない。つまり，採用後の嘱託契約期間の有無という差異を検討しなければならない。例えば，障害者に一般採用枠が閉ざされていないとすれば，どのように障害者枠と一般採用枠を振り分けるのかの基準が必要となるし，仮に，障害による職務遂行上の支障がないことが採用時に明らかであれば，障害者枠で採用する必要性も，嘱託契約期間を設ける必要性もない。障害者枠で採用するということは，労働条件が一般採用枠の者とは異なり，嘱託契約期間を経なければ正社員になれないのであるから，場合によっては差別的取扱いとなる可能性がある。

なお，事例は，2013 年の障害者雇用促進法の改正前であることから，裁判所の判断に差別禁止規定や合理的配慮に関する考え方は反映されていない。現在でも，障害者のみを対象とする求人自体は，障害者を有利に取扱うものであることから，禁止される差別には当てはまらないが，具体的な事情によっては，上記の裁判所の判断とは異なる判断や結論となる可能性があることには注意を要する。

（2）合理的配慮の不提供

冒頭の事例においても見られるように，法律上，合理的配慮の提供義務が課される 2013 年以前は，障害者雇用の場面では直接差別があったとして争われるケースが多かったが，近年は合理的配慮を提供しなかったことが法的に問題になるケースが増えている。

合理的配慮は，個々のニーズに応じて社会的障壁を除去することであり，物理的環境への配慮（段差などのための携帯スロープ等），意思疎通の配慮（筆談，手話等），ルール・慣行の柔軟な変更（休憩時間の調整等）という 3 形態をとりうるものであるが[注7)]，これらが過重な負担となる場合には提供する義務を免れる。過重な負担の有無は，費用・負担の程度のみならず，事業規模，事業への影響の程度，実現可能性，財務状況を，具体的場面や状況に応じて総合的・客観的に判断される必要がある。なお，合理的配慮の提供に際し，事業主は障害者の意向を十分に配慮しなければならない（36 条の 4 第 1 項）。

5. まとめ

障害者雇用率制度は，1960 年の身体障害者雇用促進法の制定によりスタートしたものであり（ただし，当時の身体障害者雇用率制度は努力目標であり，身体障害者雇用納付金制度を伴った雇用義務となったのは 1976 年改正である），1987 年の障害者雇用促進法への改正，雇用義務の対象となる障害者の拡大などを経て，現在もなお，障害者雇用の中心的施策である。実際に，図 10-1 に示したように障害者雇用率は上昇しており，一定の成果を上げていると言えるが，形式上法定雇用率を満たすことを目的とする雇用が増加するだけでは，障害のある人もない人と同じように雇用され，就労するという，本来の意味でノーマライゼーションが達成されているとは言えない[注8)]。事例にある障害者枠の採用制度についても，同様のことがいえる。障害者雇用率制度は，障害者をカテゴライズして特別に扱うという意味では，本来，いつかは不要となることが望ましい制度であるといえるかもしれないが，障害者の雇用や就労を通した地域社会への参加は，未だ困難な状況にあることが少なくない。当面，雇用・就労における差別禁止規定や合理的配慮，就労支援施策の活用と併せて，障害者雇用率制度による実質的な雇用の推進を図ることが必要である。

〉〉注記

注 1）独立行政法人高齢・障害・求職者雇用支援機構障害者職業総合センター調査研究報告書 No.137「障害者の就業状況等に関する調査研究」（2017 年）2 頁。

注 2）菊池馨実・中川純・川島聡編『障害法』（第 2 版）　成文堂　2021 年　60 頁（川島聡執筆部分）。

注 3）権利条約の日本語訳については，政府仮訳を引用した。

注 4）山村りつ「わが国の合理的配慮規定の法制度化とその実効性の展望」賃金と

社会保障 1915・16 号，13 頁。

注 5）前掲注 2，151 頁（小西啓文・中川純執筆部分）。

注 6）厚生労働省「障害者雇用促進法に基づく障害者差別禁止・合理的配慮に関するQ&A【第二版】」21 頁。

注 7）川島聡・飯野由里子・西倉実季・星加良司『合理的配慮—対話を開く，対話が拓く』有斐閣　2016 年　49-50 頁（川島聡執筆部分）。

注 8）企業に貸農園などの働く場を提供し，就労を希望する障害者も紹介して雇用を事実上代行するビジネスが増加しているとの報道について，2023 年 1 月 9 日付東京新聞（https://www.tokyo-np.co.jp/article/224356）最終閲覧日 2023 年 1 月 20 日。

1. 障害者の雇用を促進・支援する法制度にはどのようなものがあるか，まとめてみよう。
2. 障害者雇用率制度の効果と問題点について，まとめてみよう。

11　介護保険制度の展開と課題

脇野幸太郎

《**本章のねらい**》 介護保険制度が創設されて20数年が経過し，制度が定着を見せる中で，制度の利用者も大幅に増加し，介護における制度の役割は増大している。その一方で，要介護者を抱える家族の介護負担は未だに大きく，従来から指摘されている介護離職の問題のみならず，ヤングケアラー，ダブルケアなど，介護にかかわる新たな社会問題もクローズアップされている。当初「介護の社会化」を掲げてスタートした介護保険制度であったが，制度への依存度が高まる中での財政問題とも相まって，その機能や役割も見直しを迫られつつある。要介護者自身にとっても，家族にとっても，社会全体にとっても，安心して利用できる制度のあり方について一緒に考えてみたい。

《**キーワード**》 介護保険，家族介護，介護を支える仕組み

事例

厚生労働省が2013年に公表した「平成25年度　仕事と介護の両立支援事業　仕事と介護の両立モデル―介護離職を防ぐために」という冊子がある。その第2章では，「仕事と介護の両立モデル：仕事と介護はこうやって両立させる！」として，働き方を工夫したり，介護保険サービスを利用したりすることで，仕事と家族の介護の両立を実現している事例が複数紹介されている。

各事例は，家族介護を行っている当事者へのインタビュー形式で紹介されており，質問項目の一つに「両立に当たっての悩み」がある。その中には，「仕事と介護の両立にあたり，ストレスや悩みは特に感じていない」との意見がみられる一方で，次のような悩みも紹介されている。

《介護自体に関すること，介護している家族に関すること》

・自身が出勤してからデイサービスのお迎えまでの30分間，お見送りから帰宅までの2時間半は非常に不安だった。実際，母が家の中で転倒して

いたこともあった。
・自分としては更年期に介護ストレスが加わり，体調が悪くてもぎりぎりまで病院へ行けないこともあった。なかなか自身の健康管理まで気を配れないが，自身が元気でないと家族が困ってしまう。
・（高齢の両親の）最近の状態では，二人だけで生活していくことはかなり難しいものと危惧している。施設入所も視野に入れなくてはいけないが，父親はショートステイの利用も嫌がるくらいであり，両親ともに入所を望んでいない。一方で母親は「いつまで介護が続くのだろう」とこぼすことがある。どうにも立ちいかなくなったら，父親だけでも施設入所という選択肢をとることが必要かもしれない。
《介護者自身に関すること，仕事に関すること》
・勤務先の介護休暇取得可能日数は年間5日であるが，5日では到底足りないと感じる。通院のためだけで終わってしまう。有給休暇と併せて取得しても，有給休暇にも取得上限日数があるため欠勤になってしまうこともある。何か良い方法はないか。
・出張制限なども含め，自身の仕事の幅が狭まったと感じている。自身が主たる実行者として推し進めていく仕事はリスクが高いという認識がある。

事例のポイント

高齢となった両親など家族の介護のために，それまで勤めていた職場を離職せざるを得なくなる「介護離職」の問題が指摘されて久しい。事例で引用した厚生労働省の冊子は，そのような状況を背景として，仕事と介護の両立事例を紹介したものである。これらは，今後の家族介護のあり方を考える上で有益な先行事例である一方，そこで語られる「悩み」には，日本の雇用や家族介護の現状が如実に反映されている。

1. 介護保険制度創設の背景と目的

(1) 介護保険制度創設の背景

介護保険制度は，1997 年 12 月に介護保険法が成立，2000 年 4 月から実施され現在に至っている。

制度の名称が示すとおり，介護保険制度は，制度の仕組みとして「社会保険方式」を採用している。日本では，従来の他の社会保険（医療保険，年金保険，労働者災害補償保険（労災保険），雇用保険）に次ぐ「第 5 の社会保険」として創設された。

なぜ，21 世紀を間近に控えた時期に，新たな社会保険としての介護保険制度が必要とされたのか。その背景要因とされているのは主に以下の 4 点である。

①高齢化の進行に伴う要介護高齢者の増大

制度導入の最も大きな要因は，いうまでもなく日本における高齢化の急激な進展である。介護保険制度の導入が検討されていた 1994 年段階で，高齢化率は 14％を超え，日本は高齢社会となっていた。

高齢化が進展し，人びとの寿命が伸長すれば，必然的に要介護高齢者も増加し，両親や配偶者など，自身の家族が要介護状態となる可能性も高まる。このような状況を「介護リスクの一般化」といい，人びとの生活上の大きな不安要因の一つとなる。

②家族の介護機能基盤の弱体化と家族の介護負担の増大

従来（あるいは現在も），高齢となった両親など，家族の世話は子どもがするもの，との認識が一般的であったが，その一方で，家族・家庭が介護を担う力（家族の介護機能）は低下しつつあった。その要因は，核家族化の進展や高齢者夫婦のみ，もしくは一人暮らしの高齢者の増加，従来介護の重要な担い手とされていた女性の就労の増大といった，家族形態や生活様式の変化があげられる。これに加えて，介護そのものの身体的・精神的な負担の大きさや，介護離職などに伴う所得の低下など，家族介護には物心両面で大きな負担が伴う。このような状況下で，家族介護や老々介護の不安や負担を軽減し，誰もが安心して生活できる仕組み作りが求められるようになった。

③従来の介護保障システム（老人福祉制度・老人医療制度）の問題点

介護保険制度創設以前の公的な介護サービス提供は，老人福祉法に基づく「措置制度」と，老人保健法に基づく老人医療制度という異なる2つの仕組みのもとで実施されてきた。このような仕組みのもとでは，制度の縦割りによる弊害のほか，それぞれの制度に内在する課題も浮き彫りとなっていた。

④介護費用の増大に対応した新しい財源の確保の必要性

①で触れたように，高齢化が進展し，社会の介護ニーズが増大すれば，それに対応するための新たな仕組みと，そのための財源確保が必要となる。新たな介護サービス提供の仕組みとして社会保険方式が選択された要因の一つはこの点にある。この点についてはのちほど改めて触れる。

（2）介護保険制度創設の目的・理念

上記のような社会的背景のもと，新たに創設された介護保険制度であったが，制度の目的・理念として創設時に説明されたのは，主に以下の4点である。

①介護に対する社会的支援

従来，家族の問題としてとらえられがちであった介護の問題を，社会全体で支える仕組みを構築し，家族の介護負担の軽減を図ることである。これを「介護の社会化」といい，制度創設の最大の目的であるといえる。

②要介護者の自立支援

高齢となり，介護が必要な状態となっても，尊厳をもって，自らの意思に基づく自立した生活を送ることができるよう支援することである。この「要介護者の自立」という理念は，社会福祉全般における「自立」のとらえ方にも大きな影響をもたらした。

③利用者本位とサービスの総合化

上記のとおり，従来の高齢者福祉サービスの仕組みは，老人福祉と老人医療に二分化されていた。そのことによる弊害に加えて，特に老人福祉法に基づく「措置制度」は，その内在的制約から，介護をはじめとする高齢者福祉のニーズに対応しきれず，限界を露呈しつつあった。

「措置制度」は，行政機関（老人福祉法の場合市町村）が，本人の福祉サービスの要否，サービスの種類や内容，提供機関などを一方的に決定する仕組みである（措置制度については第3章，第5章も参照）。利用者の側からみれば，希望するサービスの内容や量，サービス提供事業者などを選択できない，制度利用に所得制限が設けられており，それがスティグマ[注1)]や利用にあたっての心理的抵抗感につながるなどのデメリットが大きい。介護保険ではこれを改め，制度利用の仕組みとして，利用者と事業者による「契約制度」を導入した。いわゆる「福祉サービス利用契約」の登場である[注2)]。

④社会保険方式の導入

社会保険方式は，法令の定めに基づきその制度に加入した人（被保険者）が，制度の運営主体（保険者）に保険料を納付し，その制度から支援を受ける必要のあるできごと（保険事故）が生じた際に必要な給付（保険給付）を受けるという，社会保障の方法の一つである。

保険料は，保険給付の主たる財源の一つであり，この場合，保険給付は保険料の「対価」としての意義を持つ。その意味で，租税を主な財源とする社会福祉制度などに比べて，「負担」と「給付」の対応関係が明確となる。また，社会保険方式は，要介護状態であるか否かを問わず，要件に該当する者（介護保険の場合40歳以上の者）が原則として全員，制度への加入を義務づけられ，加入者の介護ニーズを支えあう，「相互扶助」ないし「社会連帯」の考え方に基づく仕組みであり，社会全体で介護を支えるという「介護の社会化」の理念にも適合的である。これらのことから，社会保険方式としての介護保険制度においては，財源（保険料）負担に対する国民の理解が得やすく，公平な保険料負担の仕組みを設けることにより，将来にわたっての安定的な財源の確保が可能となる。

2. 介護保険制度の概要

以下では，介護保険制度の概要について，(1) 保険者・被保険者・介護サービス提供事業者，(2) 利用手続き，(3) 保険給付の種類と内容の順で確認する。

(1) 保険者・被保険者・指定事業者

①保険者（介護保険の運営主体）

介護保険の保険者（運営主体）は市町村とされている。これを国，都道府県，医療保険者，年金保険者が重層的に支えあう仕組みとなっている。

②被保険者（介護保険の加入者）

介護保険の被保険者は，40歳以上の者とされ，これが65歳以上の第1号被保険者，40歳以上65歳未満で医療保険加入者の第2号被保険者に区分されている。この区分には，主に次の2つの意味がある。

㋐保険料の徴収方法。第1号被保険者は原則として受給する老齢年金からの天引き（特別徴収。年金額が一定額以上の場合），第2号被保険者

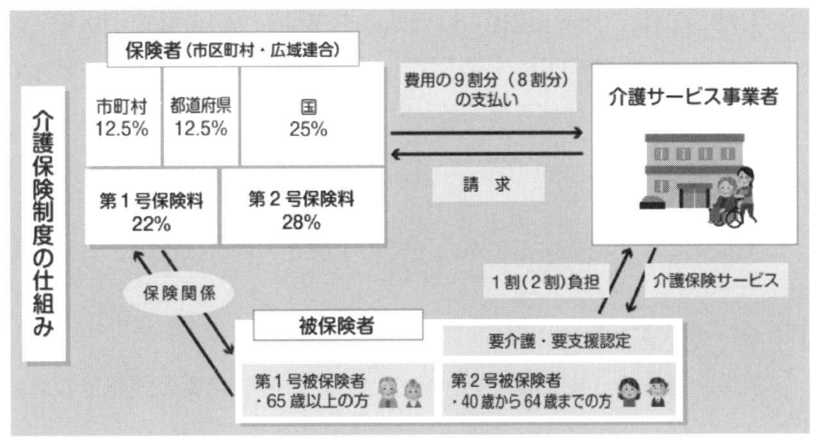

出典：厚生労働省「介護保険制度について」（パンフレット）2 頁

図 11-1　介護保険制度の概要

は，各自が加入する医療保険者が医療保険料と一体的に徴収する仕組みとなっている。第 2 号被保険者が「40 歳以上 65 歳未満の医療保険加入者」とされているのはこのことによるものである。

㋑保険給付（介護サービス）受給要件の相違。第 1 号被保険者は，要介護・要支援認定（後述）を受けていれば保険給付（介護サービス）を受けられるが，第 2 号被保険者では，法令で定められた 16 種類の「特定疾病」に罹患し，要介護・要支援状態にあると判断された場合のみ給付が受けられる。

③介護サービス提供事業者

要介護・要支援の認定を受けた被保険者（利用者）は，選択した介護サービス提供事業者と契約を締結したうえで介護サービスの提供を受けることになるが，その際の事業者は，都道府県知事（地域密着型サービス（後述）については市町村長）から指定を受けている必要がある。指定にあたっては，法令で定められた基準を充足している必要がある。行政機関による事業者の監督を通じて，現場で提供される介護サービスの質を担保するための仕組みである。

(2) 利用手続き

介護サービスを利用するにあたっての手続きの流れは次のとおりである。

①申請と要介護認定

・被保険者本人（またはその家族など）が市町村に要介護認定の申請を行う[注3)]。

・市町村は，申請者の認定調査（調査票による心身等の状況調査）を行う。これと，本人の主治医の意見書をもとに，まずコンピュータによる要介護度の判定を行う（一次判定)。

・一次判定の結果をもとに，市町村に設置された介護認定審査会において二次判定が行われ，要介護度が決定される。要介護度は，軽い方から要支援 1・2，要介護 1～5 となっている。要支援者は原則として「予防給付（介護予防サービス)」を，要介護者は「介護給付（介護サービス)」を利用することになる。要介護度に該当しない場合は「非該当（自立)」の判定がなされる。

・要介護認定には有効期限があり，定期的な見直し（更新）が行われる。新規申請の場合は 6 カ月（介護認定審査会で必要と認められた場合は 3～12 カ月の範囲内で定められた期間)，更新の場合は原則 12 カ月（介護認定審査会の意見に基づき 3～11 カ月の範囲での短縮や，上限 48 カ月までの延長も認められる）である。更新期限前であっても，心身の状況が急変した場合など，要介護度の見直しが必要な場合には「区分変更申請」を行うこともできる。

・要介護認定の結果に不服がある場合，都道府県に設置された介護保険審査会に不服申立てを行うことができる。

②要介護認定後の流れ

・要介護度に応じて，介護予防サービス，介護サービスに設けられた給付（サービスメニュー）から，本人の状況や希望に応じたサービスを選択し，介護支援専門員（ケアマネジャー）が週単位でのサービス利用計画（ケアプラン。施設入所の場合は施設サービス計画）を作成する。

・ケアプランの内容に応じて，サービス提供事業者を選択し，本人（利用者）と事業者が契約を締結したうえでサービス提供が開始される。

このように，介護サービス利用においては，本人（もしくはその家族）の希望に応じた「選択」が重視されている。ただし，本人の状況に応じたサービスの種類や事業者の選択には，適切な情報や専門的な知識が必要となる。そのため，ケアマネジャーによる適切なサポートや，市町村・居宅介護支援事業所（ケアマネジャーが属する事業所）による情報提供が，適切なサービス利用にあたって非常に重要となる。

（3）保険給付の種類と内容

介護保険の保険給付は，いわば介護サービスのメニューである。その種類や分類は表 11-1 のとおり多岐にわたるが，まずは大きく「予防給付」と「介護給付」，および居宅介護サービスと施設サービスという 2 つの区分に基づいて把握すると理解しやすい。そのほかに，市町村が，主として介護予防を目的として実施する「地域支援事業」がある。

このほか，居宅介護サービスと施設サービスにまたがる地域密着型サービスという区分がある。通常の予防給付・介護給付の事業者の指定権限は都道府県知事にあり，サービス内容や基準なども全国的に平準化されているが，地域密着型サービスは，利用者が住み慣れた地域での生

表 11-1　介護サービスの種類

	都道府県・政令市・中核市が指定・監督を行うサービス	市町村が指定・監督を行うサービス
介護給付を行うサービス	◎居宅介護サービス 【訪問サービス】 ○訪問介護（ホームヘルプサービス） ○訪問入浴介護 ○訪問看護 ○訪問リハビリテーション ○居宅療養管理指導 【通所サービス】 ○通所介護（デイサービス） ○通所リハビリテーション 【短期入所サービス】 ○短期入所生活介護（ショートステイ） ○短期入所療養介護 ○特定施設入居者生活介護 ○福祉用具貸与 ○特定福祉用具販売 ◎施設サービス ○介護老人福祉施設 ○介護老人保健施設 ○介護療養型医療施設 ○介護医療院	◎地域密着型介護サービス ○定期巡回・随時対応型訪問介護看護 ○夜間対応型訪問介護 ○地域密着型通所介護 ○認知症対応型通所介護 ○小規模多機能型居宅介護 ○認知症対応型共同生活介護（グループホーム） ○地域密着型特定施設入居者生活介護 ○地域密着型介護老人福祉施設入所者生活介護 ○複合型サービス（看護小規模多機能型居宅介護） ◎居宅介護支援
予防給付を行うサービス	◎介護予防サービス 【訪問サービス】 ○介護予防訪問入浴介護 ○介護予防訪問看護 ○介護予防訪問リハビリテーション ○介護予防居宅療養管理指導 【通所サービス】 ○介護予防通所リハビリテーション 【短期入所サービス】 ○介護予防短期入所生活介護（ショートステイ） ○介護予防短期入所療養介護 ○介護予防特定施設入居者生活介護 ○介護予防福祉用具貸与 ○特定介護予防福祉用具販売	◎地域密着型介護予防サービス ○介護予防認知症対応型通所介護 ○介護予防小規模多機能型居宅介護 ○介護予防認知症対応型共同生活介護（グループホーム） ◎介護予防支援

この他，居宅介護（介護予防）住宅改修，介護予防・日常生活支援総合事業がある。

出典：厚生労働省「介護保険制度の概要」(2021 年)
https://www.mhlw.go.jp/content/000801559.pdf

活を継続できるよう，身近な市町村で提供されるのが適当と考えられるサービス類型として，市町村長に指定権限が与えられている。その中には，小規模特別養護老人ホームなど，同じサービス類型でも小規模でより家庭的な環境の施設や，小規模多機能型居宅介護（小規模多機能ホーム），定期巡回・随時対応型訪問介護看護，認知症対応型共同生活介護（グループホーム）など，特徴的な居宅サービスなどが設けられている。地域密着型サービスは，原則として当該市町村の被保険者のみが利用可能で，市町村が，地域の実情に応じた弾力的な基準・報酬などを設定することも可能である。

(4) 区分支給限度基準額と費用の自己負担

①区分支給限度基準額

各介護サービスには，その種類ごとに国によって「介護報酬」が定められている。これが，いわば各メニューの「お値段」で，3 年に 1 度見直しと改定が行われる。

居宅サービスの場合，利用者は居宅サービスのサービスメニューから必要なサービスを選択し，それに応じて作成されたケアプランに基づいてサービスを利用することになる。その際，利用者は好きなだけサービスを利用できるわけではなく，要介護度に応じて保険給付の上限額（区分支給限度基準額。1 カ月あたりに利用できるサービスの上限）が定められている。ケアプランは，この範囲内で作成されることになる（上限額を超えてサービスを利用することもできるが，超えた分の費用は，全額本人の自己負担となる）。施設サービスについては，要介護度ごとに，1 日あたりの単価が定められている。

②介護サービス費用の自己負担

利用者は，介護サービスに要した費用の原則として 1 割を自己負担分として支払い，残りの 9 割が介護保険から支給される（ただし，ケアマネジャーによるケアプラン作成費用は全額が支給される）。さらに，利用者の所得によっては，2 割ないし 3 割の自己負担となる場合がある。

自己負担分については変遷があり，当初は一律 1 割であったものが，2014 年の法改正により，一部に 2 割負担が導入された。さらに 2018 年からは，2 割負担の者のうち，特に所得の高い者について 3 割負担が導入されている。このような経緯には，現在の介護保険の財政状況など，制度の現状が反映されている。

逆に，1 カ月の自己負担額が，利用者の所得に応じて定められた「自己負担限度額」を超えた場合，超えた分が高額介護サービス費として支給される。すなわち，自己負担限度額を超えた自己負担は求められないということである。

3. 介護保険の機能の「拡大」と今後

(1) 介護保険の財政状況

上記の制度概要からもわかるとおり，介護保険制度には要介護高齢者や家族の多様な状況に対応するため，多様なサービスメニューが用意されている。このような介護保険制度は，現在どのくらい利用されているのか。介護保険の現状を示すいくつかの数値をみてみよう。

まず，介護サービスの主たる利用者である第1号被保険者の数は，2021年3月末現在で3,579万人（対前年度比24万人増）となっている。このうち要介護（要支援）認定者数は682万人で，第1号被保険者数に占める割合（認定率）は18.7%となっている。

制度創設当初の2000年の第1号被保険者数は2,242万人，要介護認定者数は256万人（認定率11.0%）であったので，認定者数でみても約2.6倍に増えたことになる。

こういった状況は，介護保険の財政状況にも当然影響を与える。図11-2は介護保険の年度別給付費（介護サービス給付に要した各年度の費用）を示したものであるが，2020年度の給付費は10兆2,311億円と，制度創設当初の3倍以上となっており，認定者数にほぼ比例するかたちで増加している。

このような状況を介護保険の機能の「拡大」と評するかどうかはともかく，創設以降の20数年間で，制度が社会に一定の定着をみたことは確かである。それに伴う給付費の増大に対応するため，給付内容や費用負担のあり方についても順次見直しや制度改正が実施されてきた。その主なものとして，2005年には介護保険施設等における食費・居住費を保険

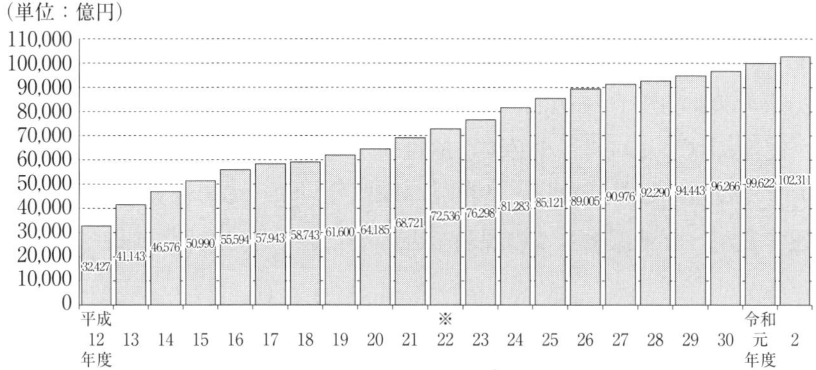

（注）高額介護サービス費，高額医療合算介護サービス費，特定入所者介護サービス費を含む。
※東日本大震災の影響により，平成22年度の数値には福島県内5町1村の数値は含まれていない。

出典：厚生労働省「令和 2 年度介護保険事業状況報告（年報）」

図 11-2　年度別給付費の推移

給付の対象外（利用者の自己負担）とする改正，および保険料負担のあり方の見直し，2014 年度には低所得者の保険料軽減の拡充，および一定以上の所得のある者の自己負担割合を 2 割とする改正，2017 年には利用者負担 2 割対象者のうち，特に所得の高い者の負担割合を 3 割とするとともに，医療保険者の介護納付金（第 2 号被保険者の保険料に相当）の算定基準に「総報酬割」を導入する[注4)]等の改正等が行われている。

また，第 1 号被保険者の保険料も増大を続けている。介護保険給付費のうち，利用者の自己負担を除く部分の費用については，50％が介護保険料，50％が租税によりまかなわれているが，保険料分 50％のうち 23％が第 1 号被保険者の保険料によりまかなわれる。この割合は常に一定なので，給付費が増大すれば，被保険者 1 人あたりの保険料も増額せざるを得なくなる。第 1 号被保険者の保険料は，保険者（各市町村または広域連合）が 3 年ごとにその後のサービス見込み量に応じて基準額を設定する仕組みであるが，全国の保険者の基準額の平均額は 2021～2023 年度で 6,014 円（月額）となっている[注5)]。これは制度創設当初の 2000～2002 年度の 2,911 円のほぼ 2 倍の金額である。

制度に対するニーズや必要な給付額が増えれば，国民の負担もその分大きくなる。この「給付と負担」の問題は，すべての社会保障制度に共通するが，介護保険もこの課題を否応なく突き付けられている。

（2）家族介護の状況

介護や介護保険について検討すべき課題は多岐にわたるが，ここでは家族介護の検討を通じて，今後の「介護を支える仕組み」のあり方について考えてみたい。

まず「令和 3 年社会生活基本調査」によると，「介護者」（15 歳以上でふだん家族を介護している人）の数は 653 万 4,000 人となっている。これは前回調査（2016 年）からは約 6.5％の減少（新型コロナウイルス感染症感染拡大の影響によるものとされている）であるが，2001 年の 470 万人からは大幅に増加しており，高水準で安定している状況である。このうち約 6 割を女性が占めているが，男性介護者の割合も若干の増加傾向がみられる。年齢階層別では，「50～59 歳」が 28.1％で減少傾向がみられるのに対し，「70 歳以上」に増加傾向がみられ，「60～69 歳」と「70 歳以上」で介護者の 5 割以上を占めている。

他方，就業との関係でみると，「平成 29 年就業構造基本調査」によれば，2015 年 10 月～2016 年 9 月の 1 年間に「介護・看護のため」に前職を離職した人の数は 9 万 9,100 人で，このうち女性が 8 割を占めている。この離職者のうち 7 万 5,000 人が無業者（離職後就業していない人）である。介護・看護を理由とする離職者数自体は，2007 年の 14 万 4,800 人からは大幅な減少がみられ，仕事と介護の両立に係る施策が一定程度奏効していることがうかがわれるが，一方で，介護のかなりの部分が，依然として女性を中心とした家族によって担われていること，その介護者自体の高齢化が進行していること，仮に仕事と介護の両立が図られた場合であっても，「事例」で紹介したような課題が多く生じていることなど，検討すべき課題は多い。

このような状況下で介護保険に求められる役割とはどのようなものであろうか。少し古いデータになるが，2010 年に厚生労働省が行った「介護保険制度に関する国民の皆さまからのご意見募集（結果概要について)」という調査によると，自分が介護が必要になった場合の介護の希望について，「家族に依存せずに生活できるような介護サービスがあれば自宅で介護を受けたい」が 1 位で 46％，2 位は「自宅で家族の介護と外部の介護サービスを組み合わせて介護を受けたい」で 24％となっている。反対に，両親が介護が必要となった場合の家族の希望としては，「自宅で家族の介護と外部の介護サービスを組み合わせて介護を受けさせたい」が 1 位で 49％，2 位は「家族に依存せずに生活できるような介護サービスがあれば自宅で介護を受けさせたい」で 27％となっている。自身が要介護者の場合と，介護者である場合とで回答の結果が逆転している点も興味深いが，いずれにしても多くの人が要介護者となっても在宅での生活を希望していること，その際の介護保険をはじめとする介護サービスへの期待が大きいことなどがわかる。

（3）介護保険の機能・役割の再検討―「介護を支える仕組み」のあり方とは

上記（2）で検討した家族介護の状況からは，介護保険をはじめとする外部の介護サービスへの期待の大きさがうかがわれる。しかし，（1）で検討した介護保険の財政状況などを考えると，介護保険制度による大幅なサービスや給付の拡充は期待できない。このような状況をどのように評するかはともかく，今後は，家族介護を前提としつつも，それを適切に支えうる制度や仕組みのあり方が求められているといえる。

従来の介護保険制度では，支援の中心はあくまでも要介護者本人に置かれていた。それが第一義であることはいうまでもないが，今後は，要介護者本人と家族をトータルに支援しうる制度や，それを通じたケアマネジメントの確立が求められているということである。

社会保障審議会介護保険部会の「介護保険制度の見直しに関する意見」(2022 年 12 月 20 日）では，「介護が必要となっても，できる限り住み慣れた地域で，これまでの日常生活に近い環境で暮らし続けたいということは，国民の共通の願いである。その願いを実現させるためには，介護や介護予防，医療はもとより，住まい，生活支援，そして社会参加までもが包括的に確保される地域を，人口・世帯構成や地域社会の変化があっても，各地域の実情に応じて構築し，維持し続けていくことが必要」[注7)]であるとして，「地域包括ケアシステムの深化・推進」が重要な課題として指摘されている。

他方，その重要な基盤の一つである当の介護保険制度，特に，利用者や国民の負担増にかかる今後の制度見直しの論点（被保険者の範囲を 40 歳未満にも拡大，低所得の施設入所者の食費等の補助（補足給付）の見直し，ケアプラン作成費用の有料化，要支援 1・2 の生活援助サービスを保険給付の対象外とする，自己負担 2 割対象者の所得基準の見直し，第 1 号被保険者のうち高所得者の保険料値上げ等）については，同報告書ではいずれも導入を見送り，もしくは結論が先送りされている。先述した介護保険の財政状況や，今後の高齢化の更なる進展を見据えた制度の持続可能性を考慮すると，負担増という「痛み」を伴う制度改革もやむを得ないというのが大方の見方であるが，問題は，それについていかにして国民の理解を求めるか，ということであろう。

いかに「地域包括ケアシステムの深化・推進」を標榜しても，その中核となる，フォーマルな資源としての介護保険制度の先行きが見通せない中では，その理念の実現は期しがたいであろう。まかり間違えば，介護保険制度によるサービスは不十分なまま，その不足分がインフォーマルなセクターに丸投げされるといった，単に公的責任を後退させただけの「システム」が出来上がりかねない。

そのようなことにならないよう，地域包括ケアシステムの意義や機能，その中で介護保険制度が果たす役割や中長期的な視点での財政改革の必要性などについて，十分な説明や情報提供を行い，国民の理解や納得を得ていく必要がある。それによってはじめて，本来の意味での「社会全体で介護を支える仕組み」の構築が可能となり，要介護者やその家族をはじめとしてだれもが「尊厳をもって安心して住み慣れた地域で暮らし続ける」という介護保険や地域包括ケアシステムの理念の実現が図られることになろう。

〉〉注記

注 1）社会において，何らかの属性を持つ個人や集団を差別や偏見の対象とすること。

注 2）福祉サービス利用契約については第 5 章参照。

注 3）なお，現在，要介護認定の申請に先立って市町村の窓口（地域包括支援センター）で相談を受け，「基本チェックリスト」によるチェックを受けると，「非該当（自立）」の判定であっても「介護予防・生活支援サービス事業」に基づく各種のサービスが受けられる仕組みが導入されている。

注 4）第 2 号被保険者の保険料は被保険者の加入する医療保険者が医療保険料とともに徴収し（本文 2（1）②㋐参照），これを「介護保険納付金」として保険者に納付する。その際の納付額を従来は各医療保険者の被保険者数に応じて算定していた（人数割）が，これでは所得の低い被保険者の保険料負担が相対的に重くなるため，報酬額に応じた算定方式に変更したもの。一部の医療保険者については負担増となるため，段階的に実施され，2020（令和2）年度までに完全実施されている。負担増の大きい医療保険者には，国による時限的な財政支援も行われた。

注5）実際にはこの基準額をもとに，被保険者の所得に応じて9段階の保険料額が設定されており（自治体によってはより多くの段階を設定しているものもある），すべての第1号被保険者の保険料額がこの金額というわけではない。

注6）地域包括ケアシステムについては第12章参照。

注7）同報告書3頁。

参考文献

・『国民の福祉と介護の動向 2022/2023』厚生労働統計協会　2022年
・増田雅暢『逐条解説　介護保険法』法研　2014年

学習の課題

1. 介護保険制度の概要について，制度の骨格（保険者，被保険者，利用手続き，介護サービスの種類と内容など）に即して整理してみよう。
2. さらなる高齢化が見込まれる日本における介護保険制度の今後のあり方について，自身の見解を根拠を提示しながらまとめてみよう。

12　地域社会の変容と地域生活支援

脇野幸太郎

《本章のねらい》　近年，地域や家族のつながりの弱まりなどを背景に，高齢者，障害者，生活困窮者といった支援の枠にとらわれず，地域で暮らす人びとの多様な生活課題を地域全体で支えあう力を再構築し，分野を問わず包括的に相談・支援を行うためのしくみづくりが模索されている。

現在，その具体化として，地域包括ケアシステムの構築，地域共生社会の実現，重層的支援体制の整備・構築などの諸施策が展開されている。ここでは，これらの施策や事業の内容について確認しながら，多様な生活課題を抱える人びとの地域生活支援のあり方を考えるとともに，そのために重要となる個別の制度・施策（成年後見制度，居住支援）についても検討を行いたい。

《キーワード》　地域生活支援，成年後見制度，居住支援

事例

2007年12月7日午後5時47分，当時91歳であった男性Aが，愛知県内の鉄道駅構内の線路に立ち入り，同駅を通過する快速電車に衝突し死亡した。

当時Aは重度の認知症を患っており，介護保険の要介護4の認定を受けていた。Aには徘徊の症状があり，Aと同居する妻のB（当時85歳）をはじめ，神奈川県在住で月に3回程度自宅に戻るAの長男C，Cの妻DやBの妹E（介護福祉士有資格者）ら家族が協力しあって，デイサービスなどの介護サービスも利用しながら，Aの在宅介護にあたっていた。

当日午後4時50分～5時00分ころ，Aは，Bが7～8分まどろんでいた間に自宅から外出し，上記事故に遭った。Aはそれまでにも1人で外出し，数時間行方不明になることが2度ほどあった。また，Aは，多数の不動産や5000万円を超える金融資産などを保有していたが，成年後見等の審判は受けてはいなかった。

鉄道の運行会社Fは，本件事故により上下20本の列車に約2時間の遅れが生じ，そのための旅客対応人件費や他社線への振替乗車費用など合計約720万円の損害を被ったとして，B，Cらに対して損害賠償の支払いを求めて裁判所に訴えを提起した。

事例のポイント

本件は，いわゆる「JR東海事件」として知られている事案である。本件第1審の名古屋地方裁判所が，妻Bの不法行為責任や長男Cの「法定監督義務者」に準ずる者としての損害賠償責任を認定し，請求額の全額である720万円をFに対して支払うよう命じる判決[注1)]を出したため，介護にあたっている家族に対してあまりに酷ではないかとの批判とともに，マスコミなどで大きく取り上げられ，広く知られるところとなった。

本件は最終的に最高裁判所まで争われ，B・Cはいずれも損害賠償責任を負わないとして，F側の請求棄却する判決[注2)]が出されて終結したが，A本人やその在宅介護を支える家族らの生活という面からみた本件についてはどのように考えたらよいであろうか。家族が協力しあって介護を行う中で，数分間まどろんでいたことについての責任を問われなければならないほど「完璧な介護」を行うことが，この家族に求められていたのであろうか。

地域の中には，このような家族の介護の問題をはじめ，多様な生活課題を抱えた人びとが生活している。そのような生活課題の中には，家族・家庭の問題として封じ込められ，周囲には可視化されないものも多い。また，本件のように，部分的には公的な福祉サービスを利用していたとしても，それが家族の負担を解消しきれていなかったとすれば，その制度の意義やあり方は，本人や家族の支援の機能という観点から改めて検討される必要があろう[注3)]。

1．地域生活支援の取り組み

（1）「地域生活支援」をとらえる視点

「地域生活支援」という用語は，現在，主として障害者福祉の領域において用いられている。その典型が，障害者総合支援法に基づき実施されている「地域生活支援事業」および「地域生活支援促進事業」である。

本章では，これらを含め，さまざまな生活課題を抱えながら地域で暮らす人びとの生活を支援するための多様な取り組み全般を「地域生活支援」として把握し，その中でも国が主体となって推進している主要な取り組みについて言及することとしたい。障害者に関する地域生活支援事業等をいわば狭義の地域生活支援とすれば，こちらは広義の地域生活支援ということになろう。

この「広義の地域生活支援」の内容は，2つの視点から把握される必要がある。1つは「地域（に暮らす人びと）をどのように支えるか」という視点であり，もう1つは「地域（に暮らす人びと）がどのように支えるか」という視点である。特に後者は，核家族化，ひとり親世帯の増加，地域内のつながりの希薄化といった家族・地域社会の変容の中で，「地域やそこで暮らす人びとを支えていくための取り組みに，誰がどのように参画していくか」という，今後の地域づくりのあり方を考える上で重要な視点である。このような点を意識しながら，現在実施されている地域生活支援のための主な取り組みについてみてみよう。

（2）地域包括ケアシステムの構築

上記のような意味での「地域生活支援」の嚆矢（こうし）ともいえるのが「地域包括ケアシステムの構築」に向けた取り組みである。

これは，主として高齢者の介護を地域で支える仕組みの構築に関わるもので，2011（平成23）年の介護保険法改正により同法内に位置づけられたものである（介護保険法4条3・4項)。その背景には当時の介護および介護保険制度をめぐる次のような課題があった。すなわち，

・介護保険制度の導入により，介護の負担は軽減されてきているが，地域全体で介護を支える体制がなお不十分である。

・高齢化が急速に進展し，今後の介護費用の更なる増大が見込まれる中でも，サービスの質の確保・向上を図りながら，給付と負担のバランスを確保していく必要がある[注4)]。

このような背景のもと，要介護高齢者が住み慣れた地域で安心して暮らし続けることができるよう，医療，介護，予防，住まい，生活支援サービスが切れ目なく提供される「地域包括ケアシステム」の実現に向けた取り組みが進められることとなった。地域包括ケアシステムは,「ニーズに応じた住宅が提供されることを基本とした上で，生活上の安全・安心・健康を確保するために，医療や介護のみならず，福祉サービスを含めた様々な生活支援サービスが日常生活の場（日常生活圏域）で適切に提供できるような地域での体制」と定義され，地域包括ケア圏域としては,「おおむね30分以内に駆けつけられる圏域」を理想的な圏域として定義し，具体的には，中学校区を基本とするものとされた[注5)](図12-1)。

その後も，2014年には医療介護総合確保推進法に基づく介護保険法の改正により，地域包括ケアシステムの構築，特に介護，医療，生活支援，介護予防の充実が図られた。現在も，次に紹介する地域共生社会の実現に向けた取り組みの推進と相まって，地域包括ケアシステムの深化・推進を図るための取り組みが続けられている。

○　団塊の世代が75歳以上となる2025年を目途に，重度な要介護状態となっても住み慣れた地域で自分らしい暮らしを人生の最後まで続けることができるよう，医療・介護・予防・住まい・生活支援が包括的に確保される体制（地域包括ケアシステム）の構築を実現。
○　今後，認知症高齢者の増加が見込まれることから，認知症高齢者の地域での生活を支えるためにも，地域包括ケアシステムの構築が重要。
○　人口が横ばいで75歳以上人口が急増する大都市部，75歳以上人口の増加は緩やかだが人口は減少する町村部等，高齢化の進展状況には大きな地域差。
○　地域包括ケアシステムは，保険者である市町村や都道府県が，地域の自主性や主体性に基づき，地域の特性に応じて作り上げていくことが必要。

出典：厚生労働省

図 12-1　地域包括ケアシステム

（3）地域共生社会の実現

①地域共生社会の実現に向けた取り組み

地域包括ケアシステムは，主として高齢者のケアにかかる施策である。これに限らず，日本の社会福祉や社会保障といった公的支援の制度は，主として高齢者，障害のある人，子どもといった「対象者」ごとに整備され，充実が図られてきた。しかし，近年，核家族化やひとり親世帯の増加，地域のつながりの希薄化などにより，家庭内や地域内の支援力が低下するとともに，人びとが抱える生活課題も，様々な領域の課題が絡み合って複雑化，複合化したり，一つの世帯で複数の課題を抱えるなど，対象者ごとの縦割りの制度だけでは対応しきれない困難なケースが多く生じている[注8]。このような中で，「地域全体で支える力」を再構築し,「誰もが支えあう社会」の実現が求められている[注9)]。

このような状況の下,「地域共生社会」という考え方が提唱され,そのための体制整備や取り組みが進められている。「地域共生社会」とは,「制度・分野ごとの『縦割り』や『支え手』『受け手』という関係を超えて,地域住民や地域の多様な主体が参画し,人と人,人と資源が世代や分野を超えてつながることで,住民一人ひとりの暮らしと生きがい,地域をともに創っていく社会」[注10)]を指すものとされ,その実現に向けた改革の骨格として,①地域課題の解決力の強化,②地域丸ごとのつながりの強化,③地域を基盤とする包括的支援の強化,④専門人材の機能強化・最大活用の4つの柱が掲げられている[注11)]。2017年7月には,これを反映した社会福祉法の改正が行われている(4条)。

さらに,2019年5月に厚生労働省に設置された「地域共生社会に向けた包括的支援と多様な参加・協働の推進に関する検討会(地域共生社会推進検討会)」の「最終とりまとめ」が公表され,地域共生社会の実現に向けた今後の方向性が示されている。

②包括的な支援体制の整備—重層的支援体制整備事業

包括的な支援体制の整備を図るため,2020年社会福祉法改正において,「重層的支援体制整備事業」が新たに創設され(106条の4),2021年4月から実施されている。

この事業は,①相談支援(属性を問わない相談支援,多機関協働による支援,アウトリーチ等を通じた継続的支援),②参加支援,③地域づくりに向けた支援を一体的に実施するものである。そのために,従来,介護,障害,子育て,生活困窮等の分野ごとに行われていた相談支援や地域づくりのための国の補助に,新たに相談支援や参加支援の機能強化を図る補助を加えて,これらを一体的に執行できる「重層的支援体制整備事業交付金」が市町村に交付される。そのため,この補助を受け,重層

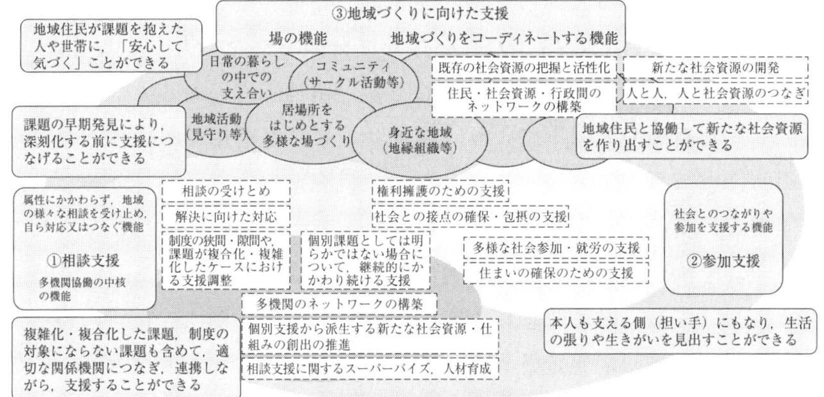

出典：厚生労働省「令和 4 年度重層的支援体制構築推進人材養成研修」資料

図 12-2　複合・複雑化した支援ニーズに対応する市町村の断らない包括的な支援体制の整備

的支援体制整備事業を実施する市町村は，この事業の構成要素となるすべての事業を実施する必要がある（図 12-2）。

このように，各分野の関係機関が連携し，事業を一体的に展開することで，複合的な課題や関係性の貧困／狭間のニーズなどへの対応に一層の効果をあげることが期待されている。

2. 成年後見制度

（1）成年後見制度の基本的な考え方

地域共生社会や重層的支援体制整備事業は，地域に暮らす人びとやその生活課題を地域全体で包括的に支え，解決するための力を再構築するための体制整備や，それに基づく多様な取り組みである。その際，図12-2にもみられるとおり，「本人を中心とし，本人の力を引き出す支援」が重要な基本理念の1つとなる。

生活課題を有する人びと，特に高齢者や障害者といった人びとの中には，自分だけでは自身の「力」を存分に発揮できない人も少なくない。とりわけ認知症のある高齢者や知的障害，精神障害のある人などについては，①判断能力の低下により，福祉サービスが活用できなかったり，利用時に虐待等の権利侵害を受けやすい状況にある，②福祉サービスの利用方式に契約の仕組みが導入されたこと[注12)]によって，福祉サービス利用契約を締結するにあたって適切な支援を受ける必要がある，③日常生活においても，財産管理に支障が生じたり，悪徳商法の被害に遭ったりするなどの事態が想定される，そして何よりも④「本人がどうしたいのか」という「本人の意思決定」を支援するための仕組みと取り組みが必要である，といった状況がある。例えば，冒頭の事例のAも，重度の認知症である一方，かなりの資産を有していたが，成年後見制度の利用には至っていなかった。

このような，多様な状況にある人びとの権利を擁護し，本人の意思決定を支援する仕組みと取り組みは，「本人を中心とし，本人の力を引き出す」うえで不可欠であり，その中心となるのが成年後見制度である。その意味で，現在の成年後見制度は，地域共生社会の重要な構成要素の1つといえよう。

ここでいう「成年後見制度」とは，任意後見契約に関する法律に基づく「任意後見制度」と，民法（7～21条）に規定された「法定後見制度」の総称である。次に，これらの制度について概観しておこう。

(2) 任意後見制度

判断能力の十分にある者（本人）が，判断能力の低下した場合に備えて，あらかじめ自分の望む任意後見人となる者（任意後見受任者）を選任しておき，本人の判断能力が低下した段階で，任意後見受任者が任意後見人となって財産管理や身上保護などの支援を行うという制度である。任意後見受任者の選任の段階で，本人と任意後見受任者との間で任意後見契約を締結し，本人の財産管理と身上保護の行為のうち，任意後見人に委任する行為を明記した任意後見契約書を「公正証書」[注12)]として公証人役場で作成した上で，これを登記しておく必要がある。

本人の判断能力が低下し，任意後見の開始が必要となった場合は，家庭裁判所に対しその旨の申立てが申立権者（本人・配偶者・4親等内の親族・任意後見受任者のいずれか）により行われ，家庭裁判所により任意後見監督人が選任される。この段階で任意後見受任者は任意後見人となり，任意後見監督人の監督の下で被後見人（本人）の支援を行う。

(3) 法定後見制度

①概要

精神上の障害により判断能力が不十分な人（本人）について，申立権者の申立てにより，家庭裁判所が適任と認める者を成年後見人等に選任し，本人に関する事務を行うことによって本人の保護を図るための制度である。

法定後見には，本人の判断能力の低下（残存能力）の程度と，それを補う者（成年後見人等）の権限の相違により，後見・保佐・補助の3つの類型に分けられる。後見の対象者は精神上の障害[注13)]により判断能力（法律上は「事理を弁識する能力（事理弁識能力）」という）を欠く常況にある人，保佐の対象者は判断能力が著しく不十分な人，補助の対象者は判断能力が不十分な人とされている。

②審判手続きの流れ

法定後見（後見・保佐・補助）開始の審判は，申立権者が家庭裁判所に申立てを行うことによって行われる。申立権者は原則として，本人，配偶者，4 親等内の親族，検察官，市町村長に限定されている。

審判手続きの流れはおおむね次のとおりである。

1）申立権者が，家庭裁判所に対し，後見（または保佐，補助）の審判の開始の申立てを行う。

2）家庭裁判所が提出された書類をもとに事実の調査を行い，また必要に応じて審問や鑑定を行う。家庭裁判所はこれらに基づき，本人の判断能力を図り，後見（または保佐，補助）を開始する旨の審判を行う（この段階で本人は成年被後見人・被保佐人・被補助人となる）とともに，職権により最適な人を成年後見人（保佐人，補助人。以下まとめて「成年後見人等」という）[注14]として選任する。

成年後見人等は，後見等の事務を行うにあたっては，本人の心身の状態および生活の状況に配慮しなければならない（身上配慮義務という）。

3）後見等開始の審判が確定し，効力を生じたときは，「後見登記等に関する法律」に基づき，その旨の登記がなされる。

4）成年後見人等には，それぞれが有する権限の範囲で，契約等の法律行為を本人に代わって行う代理権，本人の法律行為に同意を与える同意権，本人のした法律行為を取消す取消権などの権限が付与される（表 12-1）。これらの権限は，医療や介護の現場における診療契約や福祉サービス利用契約においても同様であるが，投薬，注射，手術，人工呼吸器装着，延命措置などの医療行為に関しては，成年後見人等であっても代理して同意する権限はないというのが一般的な見解である。

表 12-1　法定後見制度の概要

	後見	保佐	補助
対象となる人	判断能力が欠けているのが通常の状態の人	判断能力が著しく不十分な人	判断能力が不十分な人
申立てをすることができる人	本人，配偶者，4 親等内の親族，検察官，市町村長など（注 1）		
成年後見人等（成年後見人・保佐人・補助人）の同意が必要な行為	（注 2）	民法 13 条所定の行為 （注 3）（注 4）（注 5）	申立ての範囲内で家庭裁判所が審判で定める「特定の法律行為」（民法 13 条 1 項所定の行為の一部） （注 1）（注 3）（注 5）
取消しが可能な行為	日常生活に関する行為以外の行為（注 2）	同上 （注 3）（注 4）（注 5）	同上 （注 3）（注 5）
成年後見人等に与えられる代理権の範囲	財産に関するすべての法律行為	申立ての範囲内で家庭裁判所が審判で定める「特定の法律行為」（注 1）	

（注 1）本人以外の者の申立てにより，保佐人に代理権を与える審判をする場合，本人の同意が必要になる。補助開始の審判や補助人に同意権・代理権を与える審判をする場合も同じ。
（注 2）成年被後見人が契約等の法律行為（日常生活に関する行為を除く）をした場合には，仮に成年後見人の同意があったとしても，後で取り消すことができる。
（注 3）民法 13 条 1 項では，借金，訴訟行為，相続の承認・放棄，新築・改築・増築などの行為があげられる。
（注 4）家庭裁判所の審判により，民法 13 条 1 項㋑所定の行為以外についても，同意権・取消権の範囲とすることができる。
（注 5）日用品の購入など日常生活に関する行為は除かれる。

出典：法務省民事局「成年後見制度・成年後見登記制度」（一部改変）

(4) 成年後見制度利用促進の動き

成年後見制度については，導入からすでに20年以上が経過し，この間，社会情勢に応じた法改正や，制度の利用促進のための取り組みが実施されている。

直近の成年後見制度の大きな見直しは，2016年の法改正によるもので，それまで明確に規定されていなかった成年後見人等の権限，特に成年被後見人に宛てた郵便物の開披の権限や，死後事務（相続の確定までの相続財産の管理や成年被後見人の死体の火葬または埋葬に関する契約など）に関する規定が整備された。

このように改善が図られている成年後見制度であるが，制度の利用状況は低調にとどまっている。2020年現在の認知症患者数が約630万人，2025年には約700万人を超えると推定される中で，2020年の後見等開始の審判の申立件数は39,809件となっている。認知症患者の一定割合が介護保険等の福祉サービスを利用し，その際契約を締結することを想定しても，本来必要とされる場面で制度が十分活用されていない実態がうかがわれる。

また，利用に至った場合でも，成年後見人等が本人の「代わりに」意思決定や契約締結を行う側面が強調される結果，本人の意思や利益が没却されてしまうケースや，成年後見人等による本人の財産の横領等の不正事案が後を絶たないなどの課題も顕在化してきている。

このような状況を受け，上記の制度改正と同時に，「成年後見制度の利用の促進に関する法律」（成年後見制度利用促進法）という新たな法律が制定された。文字どおり，成年後見制度の利用促進を図るための多様な施策について定めた法律で，その具体的な取り組み内容は，同法に基づき閣議決定された「成年後見制度利用促進計画」で定められている。最初の計画は2017年から2021年度までの5年間を対象期間とし，①利用者がメリットを実感できる制度・運用の改善，②権利擁護支援の地域連携ネットワークづくり，③不正防止の徹底と利用のしやすさとの調和を目標として掲げ，これに基づき，各市町村における成年後見制度利用促進計画の策定や，地域連携ネットワークの整備・運営の中核となる機関（中核機関・センター）の設置などの施策が実施されてきた。

第一期計画の対象期間の満了に伴い，2022年3月に第二期成年後見制度利用促進計画が閣議決定された。計画期間は2026（令和8）年度までの5年間となっている。

第二期計画では，対象期間中に団塊の世代が後期高齢者となる2025年を迎え，認知症高齢者が約700万人となることが見込まれる中，高まる成年後見制度制度の利用等のニーズに対応できる地域の体制整備が喫緊の課題であるとの認識の下，①地域共生社会の実現に向けた権利擁護支援の推進，②尊厳のある本人らしい生活を継続できるようにするための成年後見制度の運用改善等，③司法による権利擁護支援などを身近なものにするしくみづくりの3点を基本的な考え方として掲げ，持続可能な権利擁護支援を推進していくものとしている。

3. 住宅確保・居住支援

（1）背景

近年，社会福祉や社会保障の領域において，住宅確保や居住支援など「住まい」「居住」の保障をめぐる動きが活発化している。また，本章1で紹介した地域包括ケアシステムや重層的支援体制整備事業においても，「住まいの確保の支援」が重要な構成要素の1つとして位置づけられている。このことは，高齢者や障害者，子育て世帯，低額所得者，ホームレスなど，「住宅確保要配慮者」といわれる人びとにおける住宅確保のニーズがそれだけ高まっている証左ともいえる。ここでは，今後の地域生活支援を考えるうえで重要な要素の１つである住宅確保の問題について検討しておきたい。

住宅は，いうまでもなく私たちの最も重要な生活基盤の１つであり，適切な住まいが確保されているかどうかは，私たちの「生活の質」を大きく左右する。しかし，従来，住宅確保は，主として個人の財産形成の問題として把握される傾向が強く，住宅に困窮する低額所得者に対する支援については，もっぱら公営住宅（市営住宅・県営住宅等）がその受け皿となっており，多様な支援ニーズや生活の質と関連づけた社会福祉・社会保障的な観点からの住宅施策は，皆無ではないものの，決して十分とはいえない状況であった。加えて，日本の人口減少やそれに伴う世帯数の減少，昨今の自治体の財政難なども相まって，今後，新たな公営住宅の大幅な増加は見込めない状況にあり，また，全国的に空き家や賃貸住宅の空室の増加なども課題となる中，より実態やニーズに即した住宅確保，居住支援のための施策が求められることとなった。

このような背景の下，2017 年 4 月には「住宅確保要配慮者に対する賃貸住宅の供給の促進に関する法律」（住宅セーフティネット法）が成立し，現在，次のような事項を内容とする住宅セーフティネット制度が創設，実施されている。

（2）住宅セーフティネット制度

①概要

住宅セーフティネット制度は，住宅確保要配慮者の入居を拒まない賃貸住宅（セーフティネット登録住宅）の登録制度，登録住宅の改修や入居者への経済的な支援，住宅確保要配慮者に対する居住支援の大きく３つの柱から構成されている。

この制度の対象となる「住宅確保要配慮者」とは，次の者をいう（住宅セーフティネット法 2 条)。

1) 低額所得者 (月収 15.8 万円 (収入分位 25%) 以下)
2) 被災者 (発災後 2 年以内)
3) 高齢者
4) 障害者
5) 子ども (高校生相当まで) を養育している者
6) 住宅の確保に特に配慮を要するものとして国土交通省令で定める者 (外国人, 東日本大震災等, 発災後 3 年以上経過した大規模災害の被災者, 都道府県や市区町村が供給促進計画において定める者)

②セーフティネット登録住宅の登録制度

賃貸住宅を賃貸する者 (賃貸人) は, 住宅確保要配慮者の入居を拒まない賃貸住宅 (セーフティネット登録住宅) として, 都道府県・政令市・中核市に賃貸住宅を登録することができる。登録住宅は, 床面積や耐震性など, 国が定める一定の基準を満たしている必要がある。また, 賃貸人は, 入居を拒まない住宅確保要配慮者の範囲を限定することができる (例えば,「障害者の入居は拒まない」「高齢者, 低額所得者, 被災者の入居は拒まない」といった形で登録するなど)。都道府県等では, その登録された住宅の情報を, 住宅確保要配慮者に広く提供するとともに, 登録住宅の指導監督等を行う。情報を見た住宅確保要配慮者は, 賃貸人に直接入居を申し込むことになるが, その際, 適切な住宅とのマッチングや入居のための支援が行われる (後述)。2022 (令和 4) 年 2 月末現在, 登録住宅数は全国で 71 万 652 戸となっている。

③登録住宅の改修や入居者への経済的な支援

賃貸人に対して, 既存の住宅などを改修して, 住宅確保要配慮者専用の住宅とするためのバリアフリー改修, 耐震改修, 用途変更工事などの費用の補助を行うほか, 登録住宅に入居する低額所得者の負担軽減のため，家賃を減額した賃貸人や，家賃債務保証料を減額した保証会社に対して，その減額分の補助を行う等の経済的な支援の仕組みが設けられている。

④住宅確保要配慮者のマッチング・入居支援

住宅確保要配慮者の民間賃貸住宅等への円滑な入居を図るため，地方公共団体や不動産関係団体，居住支援団体等が連携して「居住支援協議会」を設立する（住宅セーフティネット法51条1項）。居住支援協議会は，住宅確保要配慮者と賃貸人の双方に，住宅情報の提供や相談，紹介，マッチング等の支援を行う。

居住支援協議会について，構成メンバー・活動内容などの明確な規定はなく，地域の実状に応じて組織され，必要な活動を行うものとされている。2023年9月末現在，全国で132の協議会が設立されており，増加傾向であるが，設立主体や活動・運営の実態は，地域の状況に応じて多様である。

また，住宅セーフティネット法に基づき都道府県の指定を受け，居住

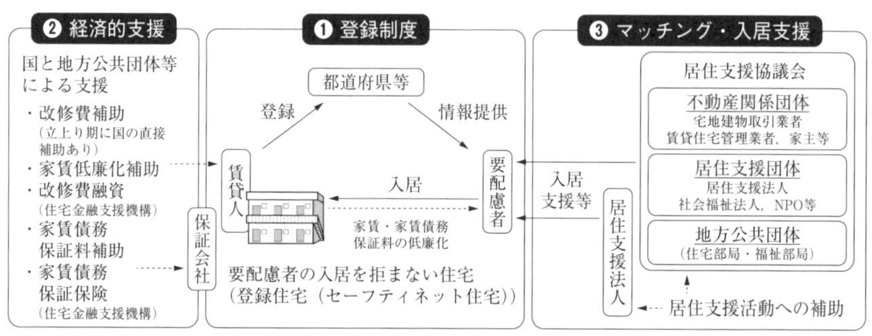

出典：国土交通省「新たな住宅セーフティネット制度における居住支援について」（2021年3月）

図12-3　住宅セーフティネット制度のイメージ

支援を行う法人として「居住支援法人」がある（40条）。居住支援法人の業務としては，登録住宅の入居者への家賃債務保証，住宅相談などの情報提供，相談，見守りなどの生活支援などがある（このすべてを行わなければならないというわけではない）。2023年9月末現在，全国で741法人が設立されているが，その設立主体は都道府県，市町村等の地方公共団体，一般社団法人，公益社団法人，公益財団法人，社会福祉法人，NPO法人など多様であり，活動内容や実態も居住支援協議会と同様，地域の実状に応じて多種多様となっている。

（3）その他の支援施策

居住に困難を抱える人に対するその他の支援制度として，「高齢者の居住の安定確保に関する法律」（高齢者住まい法）に基づくサービス付き高齢者向け住宅の登録制度，介護保険法の「地域支援事業」の１つとして実施される高齢者の安心な住まいの確保に資する事業，障害者総合支援法上のサービスの１つとして実施される自立生活援助（施設等から地域での一人暮らしへ移行した障害者等に対する援助），生活困窮者自立支援法の「一時生活支援事業」の１つとして実施される生活困窮者地域居住支援事業，児童福祉法に基づく社会的養護自立支援事業・身元保証人確保対策事業（里親等の委託や児童養護施設等への入所措置を受けていた者に対して22歳の年度末まで引き続き里親家庭や児童養護施設に居住するための支援や，生活・就労支援，賃貸住宅の賃借時の身元保証などの支援）など，各種の法律に基づく多様な居住支援施策が設けられている。

これらの諸施策には，それぞれに意義が認められる一方，根拠法や制度が多岐にわたることにより，制度利用にあたって行政機関の縦割りの問題や，利用したくてもどこに相談したらよいのかわかりにくいといった課題が生じている。そのような課題を解決し，居住の問題をはじめとする一人ひとりの多様な生活課題を「丸ごと」，ワンストップで受け止め，上記の多様な支援制度を有効に活用しうる体制づくりが求められており，それこそが「地域共生社会の実現」「重層的支援体制整備事業」の目指すところといえる。自治体をはじめとする多様な主体が，各地域の実状に応じた「地域共生社会」をどのように実現していくのか，今後の動向が注目される。

〉〉注記

注1）名古屋地方裁判所判決平成25年8月29日判例時報2202号68頁。

注2）最高裁判所判決平成28年3月1日最高裁判所民事裁判判例集第70巻3号681頁。なお，二審判決は名古屋高等裁判所判決平成26年4月24日判例時報2223号25頁。

注3）介護保険制度に関するこのような観点からの検討は第11章で行っている。

注4）社会保障審議会介護保険部会「介護保険制度の見直しに関する意見」(2010年11月30日）3～7頁。

注5）「地域包括ケア研究会報告書～今後の検討のための論点整理」(2008年）6頁。

注6）地域包括支援センターが中心となって，高齢者個人の個別ケースの検討と地域課題の検討を同時に行う，地域包括ケアシステムの実現に向けた手法。個別課題解決機能，ネットワーク構築機能，地域課題発見機能，地域づくり・資源開発機能，政策形成機能の5つの機能を有し，それを通じて，地域包括ケアシステムの実現と地域住民の安心・安全とQOLの向上を図るものとされている。

注7）例えば，80歳代の親と50歳代の子の生活課題である「8050問題」などはその典型であろう。

注8）厚生労働省「誰もが支え合う地域の構築に向けた福祉サービスの実現―新たな時代に対応した福祉の提供ビジョン―」報告書（2015年)，1頁以下。

注9）厚生労働省「地域共生社会」ポータルサイト https://www.mhlw.go.jp/kyouseisyakaiportal/#tiikikyosei（2023年4月5日閲覧)。

注10）厚生労働省「我が事・丸ごと」地域共生社会実現本部「地域共生社会の実現に向けて（当面の改革工程）」（2017 年）。

注11）福祉サービス利用における契約，その際の判断能力については第 5 章参照。

注12）公正証書は，公証人法に基づき，法務大臣に任命された公証人が作成する公文書である。公正証書には公文書としての証明力があり，執行力を有しており，契約，相続等における安全性や信頼性に優れているという特徴がある。

注13）ここにいう「精神上の障害」とは，身体上の障害を除くすべての精神的障害を含む広義の概念であり，認知症，知的障害，精神障害のほか，自閉症，事故による脳の損傷または脳の疾患に起因する精神的障害を含むものとされている。

注14）後見については，未成年後見人との区別のため「成年後見人」「成年被後見人」というが，保佐・補助については「保佐人」「被保佐人」，「補助人」「被補助人」という。

参考文献

・西村周三監修・国立社会保障人口問題研究所編『地域包括ケアシステム　「住み慣れた地域で老いる」社会をめざして』慶應義塾大学出版会　2013 年

・『国民の福祉と介護の動向 2022/2023』厚生労働統計協会　2022 年

・牧嶋誠吾『福祉と住宅をつなぐ　課題先進都市・大牟田市職員の実践』学芸出版社　2021 年

1. 本文の内容を踏まえ，あなたの居住する地域での「地域共生社会」について，自分なりの見解をまとめてみよう。
2. 本章および第 5 章（サービス提供と民事責任）での学習内容を踏まえ，成年後見制度の内容と役割について整理したうえで，成年後見制度の利用促進を図るためにはどうしたらよいと思うか，自分なりの見解をまとめてみよう。

13 刑事司法と社会福祉

木村茂喜

《**本章のねらい**》 いったん犯罪をした者の中には，高齢・障害・貧困など，さまざまな要因で社会生活に適応できず，その結果として再犯に至る者も多い。近年は，刑事司法と福祉が連携して犯罪をした者への支援が少しずつ行われているが，このような者が円滑に社会に復帰するための支援の課題について学ぶ。高齢・障害・貧困などで社会生活に適応できず再犯に至るおそれのある者に対して，刑事司法と社会福祉がどのように連携して社会復帰支援を行うべきか論じる。

《**キーワード**》 更生保護，地域生活定着促進事業，入口支援

事 例

Aさん（50歳・男性）は，これまで窃盗で6回逮捕されたことがあり，うち3回については刑務所に服役したことがある。最後に出所したのは6年前であった。

出所後，工務店での住み込みの仕事に就くことができ，この6年間は一度も事件を起こしていなかった。

ところが，事件の2か月前，Aさんは現場で腰を痛めてしまい，長時間の作業ができなくなってしまった。しばらくは休み休み仕事をしていたが，不況のあおりを受けて，工務店の営業も苦しくなっていたため，Aさんは仕事を辞めざるを得なくなった。仕事も家も失ってしまったAさんは，漫画喫茶などを転々として日雇いの仕事を探したが，ついに所持金も尽きてしまった。

そこで，Aさんは，本を万引きして現金を得ようと思い，書店で漫画を5冊万引きして逮捕・起訴された。

Aさんは，頼れる親族や帰る場所もなく，工務店で再度雇ってもらうことも難しい状況にある。これまで窃盗を繰り返した過去もあり，換金目的

の万引きであることを考慮すると，裁判所としては，事案が悪質であり，かつ，再犯可能性が高いとして，実刑判決が言い渡される可能性が十分ある。

担当の弁護士は，A さんが刑務所に行かなくても，社会の中で十分更生できるということを立証し，執行猶予判決を獲得したいと考えている。

（堀江まゆみ・水藤昌彦監修　一般社団法人東京 TS ネット編『更生支援計画をつくる　罪に問われた障害のある人への支援』現代人文社　2016年より）

事例のポイント

A さんは，万引きをして逮捕・起訴されている。身寄りや収入を得る手段がなく，かつ，繰り返し犯罪をしている者については，実刑判決が下される傾向がある。しかし，A さんの経緯からは，刑務所に入所するよりも社会の中で更生を図ったほうが社会復帰しやすいとも考えられるが，そのための手続きはどのようなものがあるだろうか。

1．犯罪をした者に対する支援の必要性

上記《本章のねらい》や事例を読んだ人の中には，「犯罪者に対して，どうして支援をする必要があるのか」，「被害者の気持ちを思えば，支援なんか必要ない」と考える人もいるだろう。確かに，「厳罰化」を求める被害者感情とそれを支持する世論を背景に，犯罪者の社会復帰よりも社会の安全を優先するという風潮がみられる。

しかし，犯罪をした者や非行少年（以下，本章では両者を合わせて「犯罪をした者等」という）の大部分は，刑事手続を経て，しかるべき刑罰等を受けた後，刑務所や少年院から社会に戻ってくることになるが，親族からの援助が受けられない，あるいは，社会からの偏見など，再び社会生活を行うのに様々な困難を伴うことが多く，その結果社会的に排除

され，再び犯罪に手を染める者も多いという現状がある。この状態を放置したままでは，安全な社会はいつまでも実現しないだろう。

折しも，再犯の防止等に関する施策を総合的かつ計画的に推進し，もって国民が犯罪による被害を受けることを防止し，安全で安心して暮らせる社会の実現に寄与することを目的として，2016年に「再犯の防止等の推進に関する法律」が公布・施行された。もちろん犯罪をした者等が犯罪被害者の心情を理解し，再犯することなく社会復帰に向けて自ら努力することは重要である。しかし，犯罪をした者等の努力に加えて，支援者が犯罪をした者等の社会復帰を阻んでいる要因を突き止めて，それらを除去あるいは軽減するための援助を行うことを通じて，犯罪をした者等が，社会との絆や生活の場と糧を確保した上で，社会の一員として地域社会の中で他の住民たちと共に生きていける社会が構築される。真の安全な社会の実現のために，われわれはこのような社会の構築を目指すことが求められるが，そのために社会福祉は何ができるか，本章で考えていこう。

2. 犯罪をした者等の現状

（1）犯罪をした高齢者・障害者の現状

かつて，犯罪をした者等は，福祉の支援の対象者として認識されてはいなかったが，2000年代以降，犯罪をした者に福祉ニーズの高い者が多いということが明らかになってきた。

検挙人員における少年（20歳未満）と65歳以上の高齢者の割合について見ると，65歳以上の高齢者の構成比は，1992年には2.7%（7,741人）であったが，2021年は23.6%（4万1,267人）を占めており，検挙人員に占める高齢者の比率の上昇が進んでいる。一方，20歳未満の者の構成比は，1992年には47.3%（13万4,692人）であったが，その後減少傾向

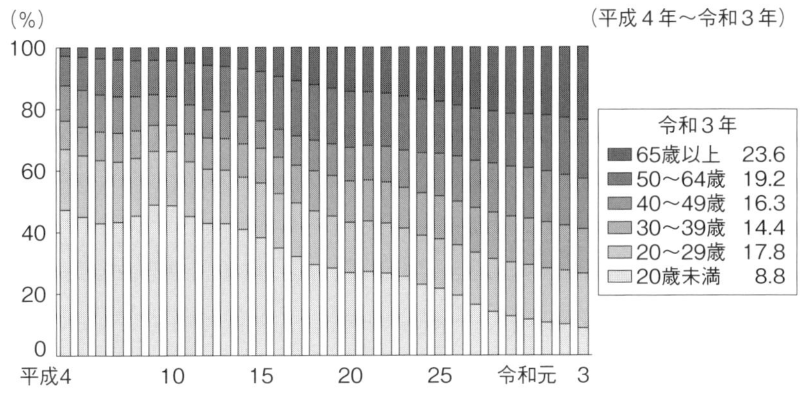

注　1　警察庁の統計及び警察庁交通局の資料による。
　　2　犯行時の年齢による。
　　3　平成14年から26年は，危険運転致死傷を含む。

出典：令和 4 年版犯罪白書

図 13-1　刑法犯　検挙人員の年齢層別構成比の推移

にあり，2021 年は 8.8%（1 万 5,349 人）まで減少している。

高齢者の刑法犯検挙人員の罪名別構成比を男女別に見ると，全年齢層と比べて，高齢者は窃盗の構成比が高いが，特に，女性高齢者は，約 9 割が窃盗であり，そのうち万引きによるものの構成比が約 8 割と顕著に高い。

検挙される高齢者の増加に伴い，入所受刑者の高齢化も進んでいる。近年，高齢入所受刑者は 2,100～2,200 人前後で推移しており，2002 年と比べると約 2 倍に増加している。とりわけ 70 歳以上の入所受刑者については，2002 年の 3.6 倍と顕著に増加している。

一部の刑務所では，入所時 60 歳以上の入所受刑者に対して，認知症スクリーニング検査を実施しているが，2021 年においては，検査した 973 人中，55 人が認知症と診断されている。

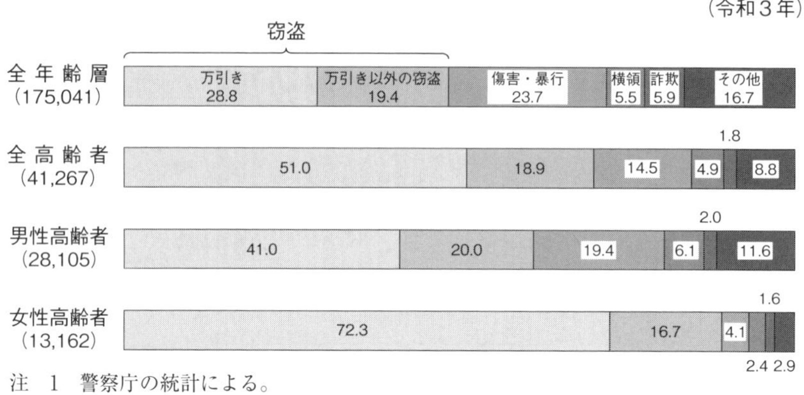

注　1　警察庁の統計による。
　　2　犯行時の年齢による。
　　3　「横領」は，遺失物等横領を含む。
　　4　（　）内は，人員である。

出典：令和４年版犯罪白書

図 13-2　刑法犯　高齢者の検挙人員の罪名別構成比（男女別）

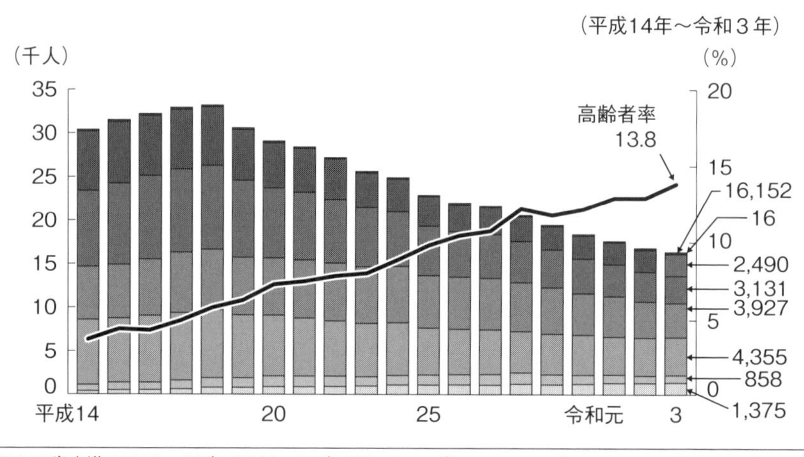

注　1　矯正統計年報による。
　　2　入所時の年齢による。ただし，平成15年以降は，不定期刑の受刑者については，入所時に20歳以上であっても，判決時に19歳であった者を，20歳未満に計上している。
　　3　「高齢者率」は，入所受刑者総数に占める高齢者の比率をいう。

出典：令和４年版犯罪白書

図 13-3　入所受刑者の人員（年齢層別）・高齢者率の推移

知的障害を有する受刑者について，厚生労働科学研究によれば，明らかに知的障害が疑われる者のうち，療育手帳所持者は 6%に過ぎず，しかも知的障害が疑われるとされた者の 43.4%は，万引き等の窃盗であることが明らかにされている[注1)]。

（2）犯罪数の減少傾向と高い再犯者率

刑法犯の認知件数は，2002 年の約 285 万件をピークに減少しており，2021 年は 568,104 件であった。検挙人数も認知件数と軌を一にして減少しているが，再犯者率（刑法犯検挙人員に占める再犯者の人員の比率）は概ね増加傾向にあり，2021 年は 48.6%であった。

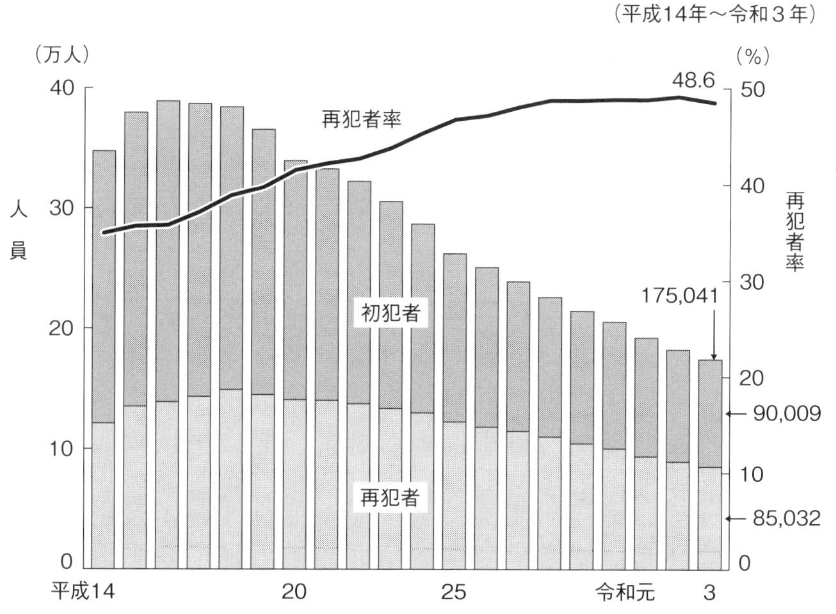

注　1　警察庁の統計による。
　　2「再犯者」は，刑法犯により検挙された者のうち，前に道路交通法違反を除く犯罪により検挙されたことがあり，再び検挙された者をいう。
　　3「再犯者率」は，刑法犯検挙人員に占める再犯者の人員の比率をいう。

出典：令和 4 年版犯罪白書

図 13-4　刑法犯　検挙人員中の再犯者人員・再犯者率の推移

非行や犯罪に至る者の背景には，疾病・障害，貧困，家族や社会からの孤立が複合的に影響している場合が多い。例えば，矯正施設出所者の約 4 割が満期釈放，約 6 割が仮釈放であるが，満期釈放者本人が申告した釈放後の帰住先として，最も多いのが「その他」で 42.6％を占める一方，帰住先として「その他」と申告した仮釈放者は 1.3％にすぎなかった。「その他」の中には，どこにも帰住先がない者も多く含まれることか

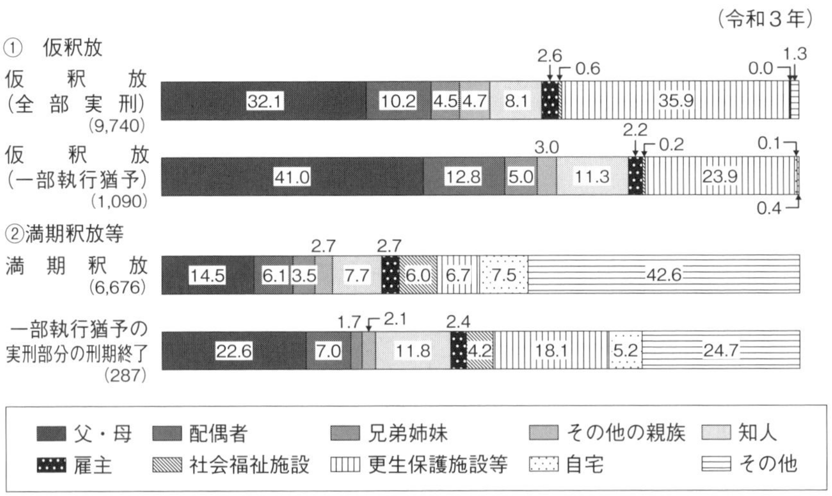

注 1 矯正統計年報による。
2 「帰住先」は，刑事施設出所後に住む場所である。
3 「配偶者」は，内縁関係にある者を含む。
4 「更生保護施設等」は，更生保護施設，就業支援センター，自立更生促進センター及び自立準備ホームである。
5 「自宅」は，帰住先が父・母，配偶者等以外で，かつ，自宅に帰住する場合である。
6 「その他」は，帰住先が不明，暴力団関係者，刑終了後引き続き被告人として勾留，出入国在留管理庁への身柄引渡し等である。
7 （ ）内は，実人員である。

出典：令和 4 年版犯罪白書

図 13-5 出所受刑者の帰住先別構成比（出所事由別）

ら，とくに満期釈放者の多くは，家族や社会から孤立している状態にあると言える。

また，法務総合研究所の研究によれば，知的障害を有する受刑者は，生活環境に関する負因を抱えている者が多いこと，一般的に再犯期間が短い傾向があることなどが明らかにされている[注2)]。

3. 犯罪をした者に対する社会復帰支援

（1）更生保護制度

1）更生保護制度の目的

更生保護制度の目的は，「犯罪をした者及び非行のある少年に対し，社会内において適切な処遇を行うことにより，再び犯罪をすることを防ぎ，又はその非行をなくし，これらの者が善良な社会の一員として自立し，改善更生することを助け」，もって「社会を保護し，個人及び公共の福祉を増進すること」（更生保護法1条）である。

2）仮釈放等

仮釈放等とは，刑務所等の矯正施設に収容されている者を収容期間満了前に仮に釈放して更生の機会を与え，その円滑な社会復帰を図ることを目的とする制度である。「仮釈放」とは懲役又は禁錮[注3)]の受刑者に対するものであり，少年院の在院者に対しては「仮退院」という。

仮釈放等の申出は，矯正施設の長が，一定の期間が経過した収容者について，悔悟の情及び改善更生の意欲があり，再び犯罪をする恐れがなく，かつ，保護観察に付することが改善更生に相当であると認めるとき（犯罪をした者及び非行のある少年に対する社会内における処遇に関する規則28条），又は少年院に収容されている少年について，仮に退院させることが改善更生のために相当と認めるとき（更生保護法41条），法務省の地方支分部局である地方更生保護委員会に対して行われる。地方更生保護委員会は，仮釈放等の許可基準に該当すると判断した場合は，仮釈放等を許す旨の決定を行う。

3）保護観察

更生保護制度による支援の中心は保護観察である。保護観察の対象は，家庭裁判所から保護観察処分に付されている少年（1号観察），少年院を仮退院した者（2号観察），仮釈放を許された者（3号観察），保護観察付き執行猶予判決を受けた者（4号観察）である（更生保護法48条）。

保護観察の方法は，保護観察官と保護司が協働して行う指導監督と補導援護による（更生保護法49条1項）。指導監督は，面接その他の適当な方法により保護観察対象者と接触を保ち，その行状を把握する，対象者が遵守事項を遵守し，生活行動指針に即して生活し，行動するよう必要な指示その他の措置をとる，特定の犯罪的傾向を改善するための専門的処遇を実施する，という方法によって行われる（更生保護法57条）[注4)]。補導援護は，保護観察対象者が自立した生活を営むことができるようにするため，対象者が適切な住居や宿泊場所を得て，当該宿泊場所に帰住すること，医療および療養を受けること，就職や教養訓練の手段を得ることを助ける，生活環境の改善・調整，生活指導などの方法によって行われる（更生保護法58条）。

4）更生緊急保護

満期釈放者で親族からの援助を受けることができず，もしくは公共の衛生福祉に関する機関その他の機関から医療，宿泊，職業その他の保護を受けることができない場合又はこれらの援助若しくは保護のみによっては改善更生することができないと認められる場合，保護観察所長は，当該対象者本人の申出に基づいて，必要であれば，当該対象者に対し，金品などの供与，宿泊場所への帰住，医療，生活指導を行い，生活環境の改善又は調整を図る，更生緊急保護を行う（更生保護法85条，86条）。

5）更生保護施設

更生保護に関する施設として，保護観察対象者および更生緊急保護対象者のうち，家族や親族から支援が得られず，かつ社会生活上の問題があるなどの理由ですぐに自立更生できないものを対象に，保護観察所からの委託あるいは本人の申出によって入所し，自立更生を図る施設として，更生保護施設がある。更生保護施設の入所期間は原則として6か月以内である。

これに加えて，2011年度より，「緊急的住居確保・自立支援対策」に基づいて，NPO法人等が管理する施設をあらかじめ保護観察所に登録し，保護が必要なケースについて，保護観察所が事業者に対して宿泊場所，食事の提供と共に，毎日の生活指導を委託する「自立準備ホーム」と呼ばれる施設がある。

（2）出口支援

上記2. で明らかになったことを背景として，2009年度以降，刑事政策において，法務省と厚生労働省が連携することで，司法福祉から社会福祉への連携の体制を整備するためのさまざまな事業を行っている[注5)]。このうち，刑務所から出所して社会に復帰する時点での支援について，「出口支援」と呼ばれている。

高齢（おおむね65歳以上）であるかまたは障害のある刑務所の入所者で，適当な帰住予定地が確保されていない者について，刑務所の所在地を管轄する保護観察所が中心となり，後述の地域生活定着支援センターおよび福祉サービス提供機関等が連携して，これらの者が釈放後に必要な福祉サービス等を円滑に受給できるよう，特別な生活環境の調整（特別調整）を行う。

さらに，出所後直ちに福祉による支援を受けることが困難な者は，法務大臣の指定を受けて，社会福祉士等が配置されている指定更生保護施設において受け入れ，福祉への移行準備および社会生活に適応するための指導や助言を行う。

（3）入口支援

出口支援に加えて，軽微な財産犯罪（窃盗など）を繰り返している高齢者や障害者を対象として，起訴前段階での被疑者または公判段階での被告人に対する生活支援を充実させることで，再犯防止と社会への包摂の促進を図ることを目的とする取り組みもあり，「入口支援」と呼ばれている。取り組みの種類としては，検察庁が社会福祉士と連携して，起訴猶予後に重点的かつ継続的に生活指導を行った上で福祉サービスの調整や就労支援等を行う「更生緊急保護の重点実施」のほか，2018 年度から，高齢または障害により福祉サービスを必要とする更生緊急保護対象者について，本人の希望に基づき，継続的な生活指導を行うことを目的として，一部の保護観察所（2020 年現在 23 か所）に「特別支援ユニット」が設置されている。

（4）地域生活定着促進事業

地域生活定着促進事業は，高齢または障害のある矯正施設退所（予定）者で，上記の特別調整の対象者に対して，矯正施設入所中から退所後まで一貫した相談支援を実施して，その社会復帰・地域生活への定着を支援する事業として行われている。これに加えて，2021 年度より，高齢または障害のある被疑者・被告人で，更生緊急保護の重点実施予定者および重点実施対象者に対する支援も開始している。この事業は，「地域生活定着促進事業実施要領」[注6)]に基づく。実施主体は都道府県だが，都道府県は，他の民間法人に事業を委託することが可能である。なお，この事業の対象者は，支援を受けることを希望し，関係機関への個人情報を提供することに同意していることを前提とする。

この事業を行うのが「地域生活定着支援センター」[注7)]であり，現在全国 48 カ所（全都道府県）に設置されている。地域生活定着支援センターの業務は，①受刑中の者の福祉ニーズの内容を確認し，出所後の受け入れ先施設等のあっせんまたは福祉サービス等の申請支援などを行うコーディネート業務，②出所後福祉施設等を利用している者に関して，本人を受け入れた施設等に対し，必要な助言などを行うフォローアップ業務，③被疑者・被告人等に対して，福祉ニーズや釈放後の生活の希望等の聞き取り，釈放後の福祉サービス等の利用調整，福祉サービスの相談支援など定着のための継続的な援助を行う被疑者等支援業務（2021 年度より），④出所者本人・家族，更生保護施設，市町村などから，本人の福祉サービスの利用等に関する相談を受けたときは，本人のニーズ等を確認して，その意思を踏まえて，助言その他必要な支援を行う相談支援業務である。

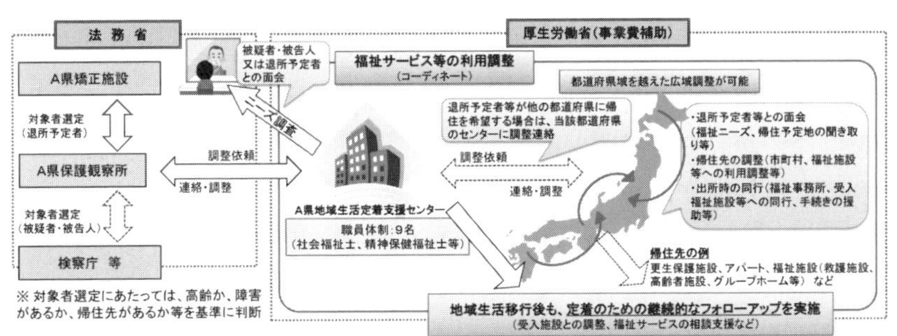

出典：厚生労働省　地域生活定着促進事業の概要
https://www.mhlw.go.jp/content/000827745.pdf

図 13-6　地域生活定着促進事業

4. 事例の検討

地域生活定着支援センターの担当職員が，支援計画を作成するため，Aさんと面会した結果，Aさんは軽度の知的障害が疑われることから，継続的な支援体制の構築が必要であり，また，釈放後に住む場所がないため，住居の確保，当面の生活基盤の確保，就労先の確保が必要であるとされた。

地域生活定着支援センターの担当職員は，Aさんの更生支援計画書を作成し，裁判所に提出し，更生支援計画書に関する証人尋問においても，Aさんに対する支援の必要性と今後の支援の内容について述べた。

Aさんは，懲役1年・執行猶予3年の判決を受け，釈放された。その後は社会福祉法人が運営するシェルターに入居し，療育手帳取得後，グループホームに移り，就労継続支援B型事業所に通所することとなった。将来的には就労継続支援A型事業所や一般就労への移行を目指す。

5. 犯罪をした者への支援をめぐる法的課題

「入口支援」については，裁判による有罪認定なく被疑者に再犯防止のための措置を採ることは，無罪推定原則に反するのではないか，同意しなければ起訴されるという心理的強制が働き，任意の同意とは言えないのではないか，勾留期間が調査や調整に利用されることは，勾留の目的外利用となるのではないか，法的根拠に欠けるなかで実施される入口支援は，適正手続に反するのではないか，などの問題も指摘されている[注8)]。

再犯防止推進法をはじめ，近年の政府の一連の犯罪対策は，社会防衛のための再犯防止が強調されている。その中で，福祉の再犯防止機能を期待する意見も少なからずあり，そのような期待の声にこたえようとすると，ソーシャルワーカーやその所属する福祉施設や機関が，支援の第一義的目的を再犯防止に据えること，またその中で司法を積極的に補完する役割を担おうとすること，すなわち「司法の福祉化」の問題が指摘されている。

再犯防止の目的は，再び犯罪をした者が刑事司法機関と接触することで，結果として社会的孤立状態に陥るという不利益を回避する，本人のための再犯防止と，社会の構成員に更なる被害を生じることを避けるため，すなわち社会防衛のための再犯防止の 2 つが考えられる。これらを区別することなく，司法と福祉の間に再犯防止を目指すという共通理解が得られたととらえてしまうと，近時の刑事政策が社会防衛のための再犯防止を強く意識したものであるがゆえに，支援が監督や監視による統制の性格を帯びたものに歪む恐れがある[注9)]。

犯罪をした知的障害者で，特別調整の対象となっても，本人が特別調整による支援を希望しない場合もある。この理由としては，対象者が自分自身の状態について正確に把握していないこと，福祉に対する知識がなく，福祉的支援を受けた経験もないなかで，公的なものに対する不信感から福祉的支援を拒否してしまうことが考えられる[注10)]。このような場合，矯正施設内において，矯正施設退所後の本人の生活環境の調査を十分に行ったうえで，本人に対する支援の概要と，その支援を受けることによって予測される効果について十分に説明することが求められる。

犯罪をした知的障害者は，知的障害があるゆえに，支援者の説明内容の理解が困難な場合があることに加えて，厳格に管理された定型的な生活を強制される矯正施設入所中の経験により，自己決定能力が乏しい場合も少なくない[注11)]。犯罪をした知的障害者のニーズや支援を受ける意思を早期に確認し，適切な支援を確実に行うためには，矯正施設退所前から犯罪をした知的障害者に対して，障害者権利条約 12 条 3 項が保障する意思決定支援を行う必要があろう。

支援を拒否する者は，比較的軽度の知的障害者であることが多く，障害があるという社会的障壁を意識しにくい状態といえる。このような者に対しては，障害があることと犯罪をしたことが，社会的障壁として本人の自立を阻んでいることを本人に意識させるようなアウトリーチを行う必要がある。

6. まとめ

伝統的な刑事司法は，社会の平和と秩序を維持するため再犯防止を目的とすることから，基本的に罪刑法定主義と適正手続主義のような原則に従って，被疑者・被告人に対する権利制約の正当化の根拠の有無とその限界を見定めようとする過程である。他方，福祉は自立生活と自己実現を支援し，社会参加を促進することが目的であり，本人の選択を前提とする援助であって，強制にはなじまない[注12)]面がある。

ゆえに，犯罪をした者等に対する支援について，矯正施設に入所している者や保護観察対象者といった，刑事司法の下にいる者については，司法領域がイニシアティブをとる中で，福祉が連携して行うことになるが，満期釈放者や保護観察を終了した者，入口支援を受けた者については，福祉がイニシアティブをとって犯罪をした者等の支援を行うことになる。このような者に対する支援において中心的な役割を担うのは地域生活定着支援センターが行う地域生活定着促進事業である。

犯罪をした者等の社会復帰支援については，社会との関係における困難性およびその困難から発生する社会生活からの疎外が問題発生の淵源となる。その具体的な内容は，所得の不十分さのみならず[注13)]，労働生活へ参加することができないこと[注14)]，住居，教育，保健医療，福祉をはじめとする様々なサービスへのアクセスができないことなど，非常に多岐にわたる。このような問題に対応するためには，犯罪をした者等のニーズに応じて，福祉サービスのほか，所得保障や医療保障など，従来からの社会保障法領域における支援に加えて，日常生活・社会生活自立を目的の中心に据えた支援，あるいは就労・労働による自立を重視した支援が求められよう。

犯罪をした者等の多くは，矯正施設退所後には地域の中で生活していくことになる。犯罪をした者等への支援において，再犯防止が第一義的目的となると，対象者を不必要に管理・統制しようとすることにつながることで，対象者の人権を侵害する恐れがあり，障害者権利条約 19 条の「地域社会に包容される権利」を侵害することになる。ゆえに，対象者に対する支援の第一義的目的に再犯防止を据えず，犯罪をした者等に対して行った支援の結果として再犯防止が導かれることが重要となる。厚生労働省が掲げる「地域共生社会」において，犯罪をした者等が社会復帰し，地域の中で自立した生活を送ることを可能にするために，社会はどのように犯罪をした者等を受け入れなければならないのか。まさに社会全体で考えなければならない課題であるといえよう。

〉〉注記

注 1）「罪を犯した障がい者の地域生活支援に関する研究」平成 18 年度厚生労働科学研究（研究代表者：田島良昭）。

注 2）「知的障害を有する犯罪者の実態と処遇」法務総合研究所研究部報告 52 号 2013 年。

注 3）これら刑罰について，2022 年 6 月 17 日に刑法等の一部を改正する法律が公布され，懲役・禁錮を廃止してこれらを一元化した「拘禁刑」が創設されることとなった。2025 年 6 月 17 日までの政令で定める日から施行される。

注 4）これらに加えて，2024 年度より，新たに指導監督の方法として，保護観察対象者が，特定の犯罪的傾向を改善するための専門的な援助を受けるよう，必要な指示その他の措置をとること及び保護観察対象者が，犯罪等の被害者等の被害の回復又は軽減に誠実に努めるよう，必要な指示その他の措置をとることが追加される。

注5）「刑事施設，少年院及び保護観察所と地方公共団体，公共の衛生福祉に関する機関等との連携の確保について」平成21年4月1日法務省保観第206号，社援発第19号法務省矯正局長，法務省保護局長，厚生労働省社会・援護局長通知。

注6）「生活困窮者自立相談支援事業等の実施について」平成27年7月27日社援発第2号厚生労働省社会・援護局長通知別添31。

注7）「地域生活定着支援センターの事業及び運営に関する指針について」平成21年5月27日社援総発第1号厚生労働省社会・援護局総務課長通知別添。

注8）内山真由美「刑事司法と福祉の連携の問題―特に検察庁による『入口支援』をめぐって―」障害法4号41頁。

注9）水藤昌彦「対人援助ニーズを有する犯罪行為者への福祉による支援の理論的位置づけ」刑事立法研究会編『「司法と福祉の連携」の展開と課題』現代人文社　2018年　37-39頁。

注10）朴姫淑「刑務所におけるソーシャルワークの制約と可能性」刑事立法研究会編『「司法と福祉の連携」の展開と課題』現代人文社　2018年　260-261頁。

注11）水藤昌彦「知的障がいがあって犯罪をした人への福祉による支援―理論的基盤と課題」社会保障法37号156-158頁。

注12）後藤昭「刑事手続と結びついた更生支援の動向と課題」法律時報89巻4号4頁。

注13）2021（令和3）年の保護統計年報の保護観察終了者の生計状況についてみると，「貧困等」の占める割合は全体で21.8%を占め，とりわけ成人については31.2%となっている。

注14）2021（令和3）年の保護統計年報の保護観察終了者の職業についてみると，学生・生徒を除く「無職者」の占める割合は全体で26.2%でとなっている。

参考文献

・堀江まゆみ・水藤昌彦監修　一般社団法人東京 TS ネット編『更生支援計画をつくる　罪に問われた障害のある人への支援』現代人文社　2016 年
・松本勝編著『更生保護入門（第 6 版）』成文堂　2022 年
・一般社団法人日本ソーシャルワーク教育学校連盟編『最新社会福祉士養成講座　精神保健福祉士養成講座　10　刑事司法と福祉』中央法規出版　2021 年
・木村茂喜「触法者等に対する社会保障—触法者等に対する社会復帰支援法制試論」西南女学院大学紀要 22 号 81-90 頁
・木村茂喜「生活自立支援保障法における犯罪をした者」山田晋ほか編『新たな時代の社会保障法』法律文化社　2022 年 148-163 頁

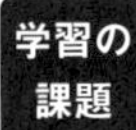

1. 矯正施設を退所した犯罪をした者等に対する支援の仕組みについて，まとめてみよう。
2. 犯罪をした者等の社会復帰を阻む障壁には，どのようなものがあるか，また，その障壁を取り除くために，社会は犯罪をした者等に対してどのような支援が必要なのか，考えてみよう。

14　社会福祉における紛争解決

木村茂喜

《**本章のねらい**》 福祉サービスに関する利用者と提供者との間で争いが起こる場面としては，①行政に対しての，福祉サービスの支給決定や支給量に関する不服，②施設・事業者に対しての，サービスの内容に関する苦情，③施設・事業者に対しての，福祉サービス提供時の事故・虐待の発生を理由とする損害賠償請求，がある。これらの争いを解決するために，争いの性質に応じた，様々な解決の手法が用意されている。本章では，福祉サービス利用者と提供者との間の紛争を解決する方法およびその課題を学ぶ。
《**キーワード**》 審査請求，苦情解決，訴訟

事 例

Aさんは，仕事を探し続けても見つからず，居住するB市の福祉事務所に生活保護の申請に赴いたところ，平成20年6月から平成21年7月の間に「稼働能力の活用が図られるため最低生活維持可能」との理由で5回にわたって生活保護申請を却下され続けた。Aさんは，稼働能力及びそれを活用する意思はあったものの，稼働能力を活用する就労の場がなかったから，稼働能力活用の要件を満たしているとして申請に対する却下処分の取消しに加えて，本来受けられたであろう生活保護費相当額と，B市福祉事務所職員の不適切な対応と，5回にわたる却下処分によって被った精神的損害に対する慰謝料を求めて提訴した。
(大阪地方裁判所判決平成25年10月31日　賃金と社会保障1603・1604号81頁)

事例のポイント

生活保護を受けようとしたAさんは，5回も生活保護申請が却下されたことで，許可処分の取り消しと，職員の不適切な対応などによる精神的損害に対する慰謝料を求めた。

1. 行政と利用者との間の紛争解決

(1) 行政不服申立て

行政不服申立てとは，行政庁の処分その他公権力の行使に当る行為に関して不服のある者が，行政機関に対して不服を申し立て，その違法・不当を審査させ，違法・不当な行為の是正や排除を請求する手続のことである。裁判は判決が下されるまで時間がかかることがあり，訴訟遂行に伴う費用も必要であるが，行政不服申立ては，申立てから裁決までの期間が明確に定められていること，申立てに関する費用がかからないことから，行政内部で簡易迅速に救済を求めることができる制度である。

行政不服申立ての制度としては，上級行政庁がない場合は処分庁，上級行政庁がある場合は最上級の行政庁に対して申し立てる審査請求（行政不服審査法 2 条・3 条），処分庁に簡易な手続で処分の見直しを求める手続である再調査の請求（行政不服審査法 5 条），審査請求の裁決に不服のある者がさらに上級行政庁に対して申し立てる再審査請求（行政不服審査法 6 条）の 3 種類がある。なお，再調査の請求および再審査請求は，処分に関する法律に規定されている場合に限り行うことができる。

社会福祉における不服申立ては，もっぱら審査請求が用いられる。例えば，市町村が行った生活保護の不支給決定や障害者総合支援法に基づく障害福祉サービスに関する処分について不服がある者は，いずれも都道府県知事に対して審査請求をすることができる。

審査請求の審理は，原則として審査庁に所属する職員の中から指名された審理員が行う。審査請求の審理は，原則として書面で行われる。手順は，①審査請求人→審理員→処分庁と審査請求書が送られる，②審査請求書に対して，処分庁→審理員→審査請求人と弁明書が送られる，③弁明書に対して，審査請求人→審理員→処分庁と反論書が送られる，となる。なお，審査請求人または参加人から口頭での意見陳述の申立てがあった場合，審理員は，口頭での意見陳述の機会を与えなければならない（行政不服審査法 31 条 1 項)。また，口頭での意見陳述は，審理員がすべての関係者を招集して行うものとされている（行政不服審査法 31 条 2 項)。

審理員は，必要な審理を終えたと認めるときは，審理手続を終了させ，速やかに審理員意見書を審査庁に提出する（行政不服審査法 42 条)。審理員から意見書の提出を受けた審査庁は，第三者機関に諮問を行う（行政不服審査法 43 条)。第三者機関は，国については，総務省におかれる「行政不服審査会」，地方公共団体は，諮問を調査審議するための附属機関がそれぞれ設置されている。第三者機関は，答申書を審査庁に提出するほか，審査請求人・参加人に答申書の写しを送付するとともに，答申の内容を公表するものとする。

審査請求の結論は，「裁決」といい，申立てが要件を欠き，不適法である「却下」，申立てに理由がない「棄却」，申立てに理由があり，処分の取消や変更がなされる「認容」の三種類である。裁決の内容に不服がある者は，裁決があったことを知った日の翌日から 1 か月以内，または裁決があった日から 1 年以内に，法律の規定があれば，上級行政庁に再審査請求をする（行政不服審査法 62 条）か，もしくは裁決があったことを知った日から 6 か月以内に（2）の行政訴訟を提起することになる。

（2）行政訴訟

行政訴訟は，行政作用によって国民に不利益が生じる（おそれがある）場合に，国民の側から裁判所に訴えを提起し，違法な行政作用によってもたらされた違法状態を排除して権利利益の回復を図ることを目的とする。

行政訴訟は，行政事件訴訟法に 4 種類規定されているが，中心は，行政庁の公権力の行使に関する不服の訴訟である抗告訴訟である（行政事件訴訟法 3 条 1 項)。また，抗告訴訟には，違法な不利益処分の取消の訴えである処分取消訴訟，不服申立ての裁決・決定の取消の訴えである裁決取消訴訟，処分・裁決（決定）の無効・不存在の確認の訴えである無効等確認訴訟，行政庁が処分・裁決（決定）をしないことの違法を確認する訴えである不作為の違法確認訴訟のほか，行政庁が一定の処分または裁決をすべきことを命じることを求める訴えである義務付け訴訟，行政庁が一定の処分または裁決をすることを事前に差し止める訴えである差止訴訟の 6 種類がある（行政事件訴訟法 3 条 2 項〜7 項）が，わが国で提起される行政訴訟のほとんどは処分取消訴訟である。

処分取消訴訟の訴訟要件について，まず，審査請求との関係だが，原則として審査請求と処分取消訴訟のどちらかを自由に選択できる。ただし，法律に当該処分についての審査請求に対する裁決を経た後でなければ，訴えを提起できないとされている場合には，先に審査請求を行わなければならない（行政事件訴訟法 8 条 1 項)。これを，審査請求前置主義という。処分取消訴訟の原告となる資格，すなわち原告適格は，処分の取消を求めるにつき，法律上の利益をもつ者である。ただ，法律上の利益の有無を判断するに当たっては，法令の文言のみによることなく，①当該法令の趣旨・目的，②当該処分において考慮される利益の内容・性質を考慮する（行政事件訴訟法 9 条)。行政訴訟を起こす際の被告は処分庁の所属する国または公共団体であり（行政事件訴訟法 11 条)，一審は原則として行政庁の所在地にある地方裁判所が管轄する（行政事件訴訟法 12 条 1 項)。ただ，国を被告とする場合は，原告の住所地を管轄する高等裁判所所在地の地方裁判所にも提訴することができる（行政事件訴訟法 12 条 3 項)。出訴期間は，処分または裁決のあったことを知った日から6か月以内もしくは処分または裁決の日から1年以内である（行政事件訴訟法14条）。

行政訴訟の手続は，弁論主義を採用しており，当事者の出した証拠に基づいて審理される。裁判所は，当事者の主張・立証に基づいて，紛争の事実関係に基づいて事実認定を行い，そこで認定した事実に法律を解釈・適用して独自に判断する。なお，訴訟が提起されても，処分の効力，処分の執行又は手続の続行を妨げない。これを執行不停止の原則という(行政事件訴訟法25条1項)。ただ，①執行停止の対象となる処分の効力が存在しており，これを停止することで現実に権利の保全がはかられる，②重大な損害を避けるため緊急の必要性がある，③公共の福祉に重大な影響を及ぼさない，④本案について理由がないとみえないときは，例外的に執行停止が認められる場合もある（行政事件訴訟法25条2～4項)。

判決は，訴訟要件を欠くので内容については判断しない「却下」，請求に理由がない「棄却」，処分を取消す「認容」の3種類である。認容されると処分ははじめからなかったことになる。また，義務付け訴訟も併合して起こしている場合は，行政庁が処分等をすることが法令の規定上明らかであると認められ，または処分等をしないことが裁量権の逸脱・濫用となると認められるとき，裁判所は，その義務付けの訴えに係る処分等をすべき旨を命じる判決をする。福祉サービスの給付に関する訴訟について見ると，支給内容の不利益変更に関する訴訟であれば，「変更処分の取消し」判決のみで救済できるが，不支給決定に関する訴訟では，「不支給決定の取消し＋支給の義務付け」判決を受けることで，請求権が完全に保障されることになる。

（3）国家賠償

行政活動の中には，その効果が一過性のため，いったん違法に行われると，もはや被害の排除ができないものがあり，また，違法状態を排除しても国民に生じた損害のすべてを回復しえない場合もある。例えば，違法な行為によってサービスの利用者が死亡した場合や，たとえ違法な行政処分が取り消されたとしても，もはやサービスを受ける機会（保育所への入所など）を不可逆的に喪失してしまった場合，違法な処分を受けたことによって，精神的な損害を受けた場合などが考えられる。このような場合，国民に生じた損害は金銭で補填せざるを得ない。

公務員による不法行為に対しては，憲法17条で国家賠償請求権が基本的人権として保障されており，これを具体化するものとして，違法な行政活動に起因する被害者の損害について国や地方自治体が賠償責任を負い，違法な行政活動に対する国や地方自治体の責任を明確にすることを目的として，国家賠償法が制定されている。

国家賠償法1条は，公権力の行使に基づく国または地方自治体の損害賠償責任について定めている。国家賠償責任が認められる要件は，①公権力の行使に当たる公務員の行為であること，②公務員が職務を行っていること，③公務員に故意または過失があること，④違法な加害行為が存在すること，⑤加害行為により損害が発生していること，である。ここでいう「公務員」とは，国家公務員，地方公務員は当然含まれるほか，民間人であっても権力的な行政の権能を委任されている者も，その権限を行使する限りでこれにあたるとされている[注1)]。

なお，国家賠償の請求先は，国または地方自治体であり，加害公務員個人に対して賠償を請求することはできない[注2)]。その際，賠償義務を負った国または地方自治体は，加害公務員に対して，被害者に支払った賠償金分の金銭を請求することができる（求償権）。

国家賠償法２条は，公の営造物の設置管理の瑕疵に基づく損害賠償責任について定めている。公の営造物の管理者が，営造物の安全確保の義務を怠って，危険な状態を作り出したまたは放置した結果国民に損害が及んだ場合，国や地方自治体はその損害を賠償しなければならない。これについては，国や地方自治体の故意または過失がなくても，損害賠償責任を認める，無過失責任の原則がとられている。

（４）事例における裁判所の判断

上記事例において，裁判所は，①稼働能力があるか，②稼働能力を活用する意思があるか，③実際に稼働能力を活用する就労の場を得ることができるかによって稼働能力活用の要件を満たしているかを判断するのが相当であるとした。これをＡさんについて当てはめると，Ａさんは稼働能力を有し，稼働能力を活用する意思はあったものの，Ａさんの低学歴（中卒）や，Ｂ市のある地域において，求人倍率が低かったことから，就労する場を得る状況になかったことが認められるとして，稼働能力を活用していないとした却下決定は違法であると判断し，却下決定を取り消した。

加えて，以前の，厳しい生活状況に置かれ保護の開始を望んで福祉事務所に赴いたにもかかわらず申請ができなかった経過等に着目し，「現在の生活状態や就労，求職状況等の聴取を怠り，かつ，保護の可否については慎重な判断が要求されるにもかかわらず，原告の年齢及び健康状態のみに基づいて安易に原告は稼働能力活用の要件を充足していないと即断し，それ以上Ａさんへの対応を行わなかった」と断じて，Ｂ市に対して，Ａさんへの慰謝料の支払いを命じた。

2. 施設・事業者と利用者との間の紛争解決

（1）苦情解決制度

1）社会福祉法に基づく苦情解決制度

①社会福祉事業者による苦情解決

社会福祉サービスは，主に利用者と事業者との契約に基づいて提供されるが，契約の一方当事者である利用者から，ケアの内容をはじめとする様々な苦情が出ることも想定される。このような苦情については，まず事業者と利用者との間で解決することが望ましいことから，社会福祉事業者には，常に利用者等からの苦情を解決する努力義務が課せられている（社会福祉法82条）。

社会福祉事業者による苦情解決については，「社会福祉事業の経営者による福祉サービスに関する苦情解決の仕組みの指針について」[注3)]により指針が出されている。

苦情解決の体制について，上記指針では，ア）苦情解決の責任主体を明確にするため，施設長，理事長等を苦情解決責任者とすること，イ）サービス利用者が苦情の申し出を利用しやすい環境を整えるため，職員の中から苦情受付担当者を任命し，苦情の受付，利用者の意向の確認，苦情解決責任者等への報告を行うこと，ウ）苦情解決に社会性・客観性を確保するため，経営者の責任で選任した第三者委員を設置することが定められている。

苦情解決の手順について，上記指針では，ア）苦情解決責任者は，苦情解決責任者・苦情受付担当者・第三者委員の氏名・連絡先や苦情解決の仕組みについて周知すること，イ）苦情受付担当者は，利用者からの苦情を随時受け付け，苦情の内容，苦情申出人の希望等，第三者委員への報告の要否，第三者委員の助言・立ち合いの要否について書面に記録すること，ウ）苦情受付担当者は，受け付けた苦情をすべて苦情解決責任者・第三者委員に報告し，第三者委員は苦情申出人に対して苦情を受け付けた旨を通知すること，エ）苦情解決責任者は，苦情解決に向けての話し合いを苦情申出人と行うが，当事者は必要に応じて第三者委員の立会い，助言を求めることができること，オ）苦情受付担当者は，経過と結果を書面に記録し，苦情解決責任者は結果を第三者委員に報告し，必要な助言を受けるとともに，苦情申出人に改善を約束した事項について，苦情申出人・第三者委員に対して一定期間経過後に報告すること，カ）利用者によるサービスの選択や事業者によるサービスの質や信頼性の向上を図るため，個人情報に関するものを除き「事業報告書」や「広報誌」等に実績を掲載し，解決結果を公表することが定められている。

②運営適正化委員会による苦情解決

利用者と事業者との間では解決が困難な事例への対応を図るために，都道府県社会福祉協議会に運営適正化委員会が設置されている（社会福祉法 83 条）。

運営適正化委員会が対象とする苦情の範囲は，サービスの利用者，その家族，代理人等の申出による，特定の利用者からの福祉サービスに関する苦情および上記の申出者に加えて，民生委員・児童委員，事業者の職員等の申出による，不特定の利用者に対する福祉サービスの提供に関する申し立てで，処遇の内容もしくは利用契約の締結，履行または解除に関する苦情または申し立てである[注4)]。

苦情解決の手順は，ア）苦情の受付と意向の確認等，イ）解決のための方法の検討，ウ）事情調査（苦情の内容に関する事実確認，事業者の意見等の聴取），エ）解決方法の決定（申出人に対する助言，事業者に対する申し入れ，合議体の行うあっせんの紹介など），オ）苦情解決のあっせん（合議体のあっせん案の提示についての要否の確認，あっせん案の作成と提示など)，カ）結果の確認（一定期間経過後，当事者から解決結果，改善結果の報告をうけ，確認する)，である[注5)]。

2021 年度における，運営適正化委員会の苦情の受付件数は，図 14-1 の通りである。苦情受付件数は増加傾向にあるが，都道府県間の件数差が非常に大きい。

サービス分野別受付件数の割合は，障害者が約半数を占めている。

初回相談のみで対応が終結せず，継続して対応が必要な苦情における対応方法は，助言申し入れが多く，あっせんはほとんどない。

継続対応した相談について，約 7 割は解決に至っているが，当事者双方が納得しない不調も 12.3%ある。

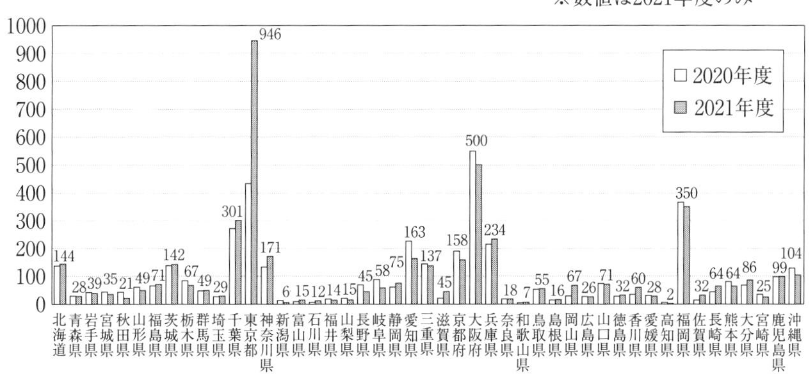

2020年度合計4,347件

2021年度合計4,775件

出典：社会福祉法人全国社会福祉協議会「苦情受付・解決の状況　令和 3 年度都道府県運営適正化委員会事業実績報告　令和 4 年 10 月 7 日」

図 14-1　苦情の受付件数

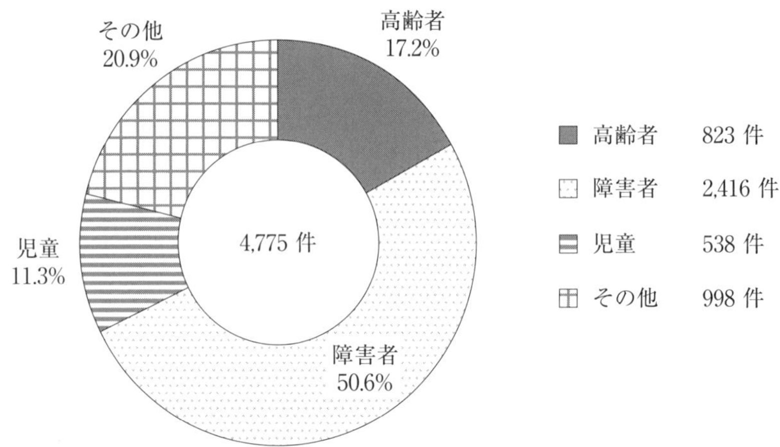

出典：社会福祉法人全国社会福祉協議会「苦情受付・解決の状況　令和 3 年度都道府県運営適正化委員会事業実績報告　令和 4 年 10 月 7 日」

図 14-2　サービス分野別受付件数の割合

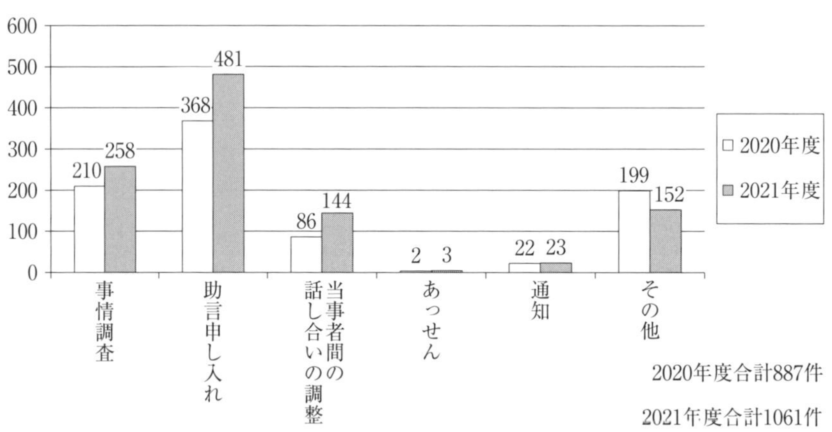

出典：社会福祉法人全国社会福祉協議会「苦情受付・解決の状況　令和 3 年度都道府県運営適正化委員会事業実績報告　令和 4 年 10 月 7 日」

図 14-3　対応方法の状況（継続対応）

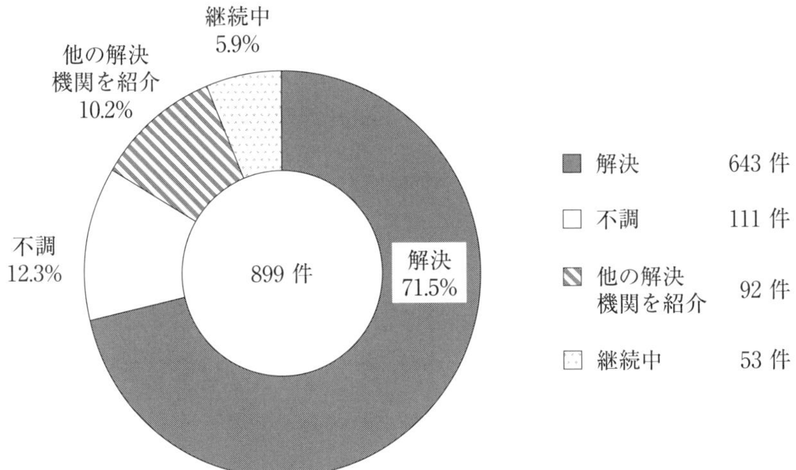

出典：社会福祉法人全国社会福祉協議会「苦情受付・解決の状況　令和 3 年度都道府県運営適正化委員会事業実績報告　令和 4 年 10 月 7 日」

図 14-4　苦情解決の状況（継続対応）

2）介護保険法に基づく苦情処理制度

①事業者・介護保険施設等による苦情処理

介護保険の指定介護サービス事業者及び介護保険施設は，利用者及びその家族からの苦情に迅速かつ適切に対応するために，苦情受付窓口の設置等の必要な措置を講じなければならない（指定居宅サービス等の事業の人員，設備及び運営に関する基準 36 条 1 項等）。具体的には，相談窓口，苦情処理の体制及び手順等，苦情処理のために講ずる措置の概要について明らかにし，利用申込者にサービスの内容を説明する文書に苦情に対する措置の概要についても併せて記載するとともに，事業所に掲示すること等である[注6)]。

事業者及び施設は，苦情を受け付けた場合，当該苦情の内容を記録しなければならない（指定居宅サービス等の事業の人員，設備及び運営に関する基準36条2項等）。また，事業者及び施設は，市町村及び国民健康保険団体連合会が行う調査へ協力し，市町村及び国民健康保険団体連合会からの指導，助言に従って必要な改善を行い，改善の内容を報告しなければならない（指定居宅サービス等の事業の人員，設備及び運営に関する基準36条3項～6項等）。

②市町村による苦情処理

介護保険の保険者である市町村は，地域住民に最も身近な苦情相談の窓口である。市町村は，保険給付に関して必要がある認めるときは，事業者及び施設に対して，文書等の提出・提示を求め，又は当該職員に質問・照会をさせることができる（介護保険法23条）とともに，地域内の事業者及び施設に対し調査，指導及び助言を行う（指定居宅サービス等の事業の人員，設備及び運営に関する基準36条3項等）。

③国民健康保険団体連合会による苦情処理

国民健康保険団体連合会は，市町村では対応できない広域的な事業者に対する苦情やサービス事業者が市町村である苦情に対応して，調査，指導及び助言を行う（介護保険法176条1項3号）。ただ，国民健康保険団体連合会の苦情処理受付件数は非常に少なく，2021年度の全国の受付件数は74件にとどまっている[注7)]。

（2）民事訴訟

契約に基づいて，サービス事業者からサービスを受けている利用者について，転倒や誤嚥などで利用者がケガをした，あるいは死亡したなど，サービス事業者からサービスを提供されている際に発生した事故，あるいは事業者の職員から暴力を受けてケガをした場合，利用者またはその家族・遺族は，事業者に対して，債務不履行（民法415条）または不法行為（民法 709 条）に基づいて，損害賠償を請求するための訴訟を裁判所に提起することができる。

債務不履行とは，契約上果たすべき義務（債務）を履行しなかった場合に主張することができる。債務不履行に基づく損害賠償が認められるためには，損害の発生と債務者（事業者）の債務不履行に因果関係があることを債権者（利用者）が立証する必要がある。ただ，債務者に責めるべき事情（帰責事由）がなければ，債務者は損害賠償の責任を負わない（民法 415 条ただし書き）が，債務者が損害賠償の責任をまぬかれるためには，帰責事由が存在しないことを債務者が立証しなければならない。

他法，不法行為とは，法に基づかずに（不法に）他人の権利・利益を侵害し，これによって損害を与える行為であり，契約関係の有無を問わず，責任を追及することができる。不法行為に基づく損害賠償請求権が認められるためには，①加害者に故意又は過失があること，②他人の権利または法律上保護される利益が侵害されていること，③被害者に何らかの損害が発生していること，④加害者の行為と結果（被害者の被った損害）との間に相当な因果関係が存在することを被害者が立証する必要がある。

3. 福祉サービスに係る紛争解決の課題

福祉サービスの利用者は，サービスを利用していることで自立生活を維持しているという状況から，たとえサービスに対して疑問や不満があっても，それを苦情として事業者に伝えることを躊躇することも考えられる。とりわけ施設に入所している利用者は，生活のほぼすべてが施設内で完結していることから，もし施設と紛争になると，職員や施設との関係がより悪化し，施設に居づらくなることを恐れて，苦情を伝えること自体を控えることも懸念される。福祉サービスの利用者と事業者は継続的かつ密接な関係になりやすく，外部の第三者の目が届きにくい。ゆえに，苦情解決の第三者委員に対して，利用者の声が届きやすい体制を事業者側が整備することが求められよう。ただ，第三者委員は，通常は事業者が委嘱するため，真の意味で中立と言えるかどうか，疑問がないとはいえない。第三者委員の中立性を確保するための体制については今後も議論が必要であろう。

また，福祉サービスの利用者の中には，認知症の高齢者や知的障害・精神障害のある者も当然多く含まれる。このような利用者は判断能力が不十分なため，紛争を解決する仕組み自体を認識できない，あるいは，紛争解決の手続を利用したい旨の意思表示も明確にできない恐れがある。それゆえ，このような利用者を支援するために日常生活自立支援事業や成年後見制度を活用することが重要であることは言うまでもないが，このような利用者の権利を擁護する人々を地域で確保する体制を整備することが望ましい。

4. まとめ

福祉サービスにおける紛争解決について，裁判は，権利義務の存否を明らかにすることで紛争を解決する手続であるが，たとえ裁判官が下した判決に納得がいかなかったとしてしても，その判決に当事者は従わざるを得ない。また，訴訟を提起したことで，当事者同士の関係が修復困難になることも少なくない。さらに，裁判は，代理人である弁護士への報酬等のコストがかかり，ある程度時間もかかる。

その意味で，苦情解決は，深刻な権利侵害までには至らない苦情について，簡易迅速に解決することができる特徴がある。しかし，上記 2.(1) で見たように，苦情解決制度は，あまり活用されているとは言えない現状にある。苦情解決制度の周知と利用促進のためには，事業者，行政のさらなる努力が必要であるが，とりわけ利用者の苦情をくみ取り，利用者の苦情解決手続への参加を支援するためには，地域の住民の支援も有効であろう。

〉〉注記

注 1）社会福祉法人積善会暁学園事件判決（最高裁判所判決平成 19 年 1 月 25 日民集 61 巻 1 号 1 頁）において，児童福祉法 27 条 1 項 3 号に基づく措置に基づき，社会福祉法人の設置運営する児童養護施設に入所した児童に対する当該施設の職員等による養育監護行為は，都道府県の公権力の行使に当たる公務員の職務行為と解している。

注 2）前掲註 1）判決においても，児童養護施設職員およびその使用者であった社会福祉法人は，損害賠償責任は負わないと判示している。

注 3）平成 12 年 6 月 7 日障第 452 号，社援第 1352 号，老発第 514 号，児発第 575 号厚生省大臣官房障害保健福祉部長，社会・援護，老人保健福祉，児童家庭局長連名通知。

注 4）「運営適正化委員会における福祉サービスに関する苦情解決事業について」平成 12 年 6 月 7 日社援第 1354 号厚生省社会・援護局長通知。

注 5）同上。

注 6）「指定居宅サービス等の事業の人員，設備及び運営に関する基準について」平成 11 年 9 月 17 日老企第 25 号厚生省老人保健福祉局企画課長通知。

注 7）公益社団法人　国民健康保険中央会「苦情申立及び相談受付状況　令和 3 年度」。

参考文献

・原田尚彦『行政法要論（全訂第7版補訂2版）』学陽書房　2012年
・社会福祉法令研究会編『新版社会福祉法の解説』中央法規出版　2022年
・大曽根寛編著『改訂版社会福祉と法』放送大学教育振興会　2020年
・平野哲郎「医療過誤における請求権競合―順位付き請求権競合の提言―」立命館法学369・370号　1910-1936頁

1. 福祉サービスに関する紛争解決の仕組みについてまとめてみよう。
2. 福祉サービスにおいて，苦情解決制度をより活用するための課題について整理してみよう。

15 社会福祉法の展望

木村茂喜

《本章のねらい》 高齢者や障害のある人などへの支援は，長年行政の決定に基づき，福祉専門職が中心になって行われてきたが，近年では，これらの者が地域で生活を送るために，政府は，「地域共生社会」を唱え，行政や専門職に加えて，地域の住民もともに支えあう仕組みを整備しようとしている。本章では，社会福祉法制における地域の位置づけの変遷と，「地域共生社会」の法的課題について学習する。

《キーワード》 社会福祉法制，地域，地域共生社会

1．社会福祉法制における「地域」の位置づけの変遷

（1）第二次大戦前―孤立した家族・近隣への依存と公助の不存在

老齢や障害などを理由とする生活困難に対しては，古来，家族や近隣による私的救済で対応することとされており，家族や近隣の支援が受けられない，あるいは家族や近隣の支援ではいかんともしがたい場合に，国などの救貧制度で対応する，とする形がとられていた。

第二次世界大戦前のわが国において，1874 年に制定された恤救（じゅっきゅう）規則では，貧困者の救済は「人民相互ノ情誼（じょうぎ）ニ因リテ」，すなわち，家族や近隣でお互いに助け合うことが原則であることが明記されており，身寄りがなく，老齢，障害，年少などを理由として労働できない者に対して，国がわずかばかりの米代を支給するというものであった。その後，1929 年に制定された救護法では，貧困者の救済が国の法的な責務として定められたものの，対象者は依然として扶養義務者のいない老齢，障害，年

少などを理由として働けない者に限定されており，保護請求権も認めていなかった。

ただ，この時期における，生活困窮者への救済は，家族や近隣のみならず，民間の社会事業団体や篤志家なども関わっており，昭和の初めには，社会事業施設の8割強を民間施設が占めていた。しかし，昭和初期の経済不況により，民間の社会事業の財政基盤が悪化し，社会事業施設の経営が困難になっていた。そこで，1938年に，民間社会事業に対する国の助成とともに，指導，監督を強化することを内容とする社会事業法が制定された。これは，のちの社会福祉事業法の原型となるものであったが，戦争の激化とともに社会事業そのものが衰退し，結局，十分な成果を上げたとは言い難かった。

（2）第二次大戦後―公的責任の登場と地域の後退

第二次世界大戦後，失業者，戦争被災者・戦災孤児，傷痍軍人，海外からの引揚者などの生活困窮者が大量に発生したことから，政府は，GHQ（連合国軍最高司令官総司令部）の指導の下で，生活保護法，児童福祉法，身体障害者福祉法をはじめとする生活困窮者への支援立法を整備した。

社会事業について，GHQは，実施責任は公にあるとした。この考え方は，憲法89条の公の支配に属しない慈善，博愛の事業への公金支出禁止規定（公私分離原則）にも反映されていた。しかし，上述の通り，社会事業施設の大半が民間の社会事業であったことから，多数の生活困窮者を救済するには当時の行政によるサービスだけでは大きく不足していた。また，民間の社会事業への公的な財政支援が，1947年の日本国憲法施行後に打ち切られ，運営状況は悪化の一途をたどった。こうしたなかで，行政による社会事業を民間の社会事業者に委託し，必要な経費を支払うことは，当事者間の契約に基づき，行政が民間のサービスを購入することであって，公的責任の転嫁ではなく，公私分離原則に反しないとの解釈がとられることになった。これがいわゆる措置制度（措置委託制度）である。

そして，事実上死文化していた社会事業法に代わり，社会福祉事業の範囲，規制及び監督，福祉事務所・社会福祉主事，社会福祉法人，共同募金・社会福祉協議会など，社会福祉事業の共通的基本事項を定めた社会福祉事業法が1951年に制定された。

しかし，実際の福祉サービス給付については，救護施設をはじめとする生活保護法の保護施設への入所が中心であり，地域で支えるという発想自体がまだ存在していなかったといえよう。

生活保護法，児童福祉法，身体障害者福祉法の成立で，福祉三法体制といわれた社会福祉法制は，日本経済の発展とともに制度が専門分化していった。1960年に精神薄弱者福祉法（現在の知的障害者福祉法），1963年に老人福祉法，1964年に母子福祉法（現在の母子及び父子並びに寡婦福祉法）が制定され，いわゆる福祉六法体制が確立された。こうした中で，福祉サービスは，低所得者層を中心とした限られた者へのサービス提供という色彩を弱め，経済的な要件にとらわれず，利用者のハンディキャップに応じた援護の実施という色彩を次第に帯びるようになった。しかしながら，社会福祉法人の経営は措置委託制度に依存するとともに，提供されるサービスの内容は，国や地方自治体の指導による画一的なサービス内容にとどまっていた。サービス提供の方法についても，一部の地方自治体の独自事業の成果を踏まえて老人福祉法に老人家庭奉仕員派遣制度などが設けられたものの，社会福祉事業としては位置づけられず，依然として施設収容が中心で，地域生活の支援を実現するには十分といえる状況にはなかった。

1980年代以降は，財政再建を目的とした，国と地方の役割分担の見直しが行われた。1987年に，社会福祉に関する事務が機関委任事務から団体委任事務化され，1990年には，高齢者・身体障害者の措置権限の市町村への移譲や在宅福祉サービスを社会福祉事業に位置付けるなどの規定の整備が行われた。

2. 社会福祉基礎構造改革と「地域」の活用

(1) 社会福祉基礎構造改革

上述の通り，社会福祉法制は，戦後大きな発展を遂げてきたが，少子高齢化の進行，家族機能の変化，ノーマライゼーション理念の浸透なども相まって，生活困窮者のみならず，国民全体を対象として，普遍的に生活の安定を支える役割を果たすことが期待されるようになってきた。他方，戦後発展してきた社会福祉の基本構造にはいくつかの問題が存在していた。

第一に，戦後，中核的なサービス提供方式であった措置制度は，もともと福祉サービスが絶対的に不足している状況の下で，サービスを配分するという，公的責任を果たすために用いられた制度であることから，行政庁が行政処分たる性格を持つ措置決定という裁量判断権の行使により，一方的にサービス提供の可否・内容を決する仕組みであり，利用者の決定権や選択権を認めていないことが問題とされてきた。第二に，わが国の社会福祉法制は，児童・高齢者・障害者（身体・知的・精神）・母子と対象別に細分化され，サービスに格差が生じてきたほか，そこから漏れる谷間の問題（生活保護と社会福祉の谷間，発達障害，高次脳機能障害，父子家庭など）や制度間の連携の不十分さ（精神障害における医療・保健・福祉，児童福祉における福祉と教育など）などの諸問題が生じてきた。

このような諸問題を背景に，個人の自立支援，利用者による選択の尊重，サービスの効率化などを柱とする大きな流れの中にあるこうした改革の機運が，戦後の社会福祉制度の基本であった措置制度の見直しを導き，1997 年の介護保険法の制定，1998 年の保育所の選択制度導入，さらには，2000 年の社会福祉事業法から社会福祉法への改称，障害福祉サービスへの支援費制度の導入などに結び付いた。

社会福祉基礎構造改革において，これからの社会福祉の理念は，1998 年に中央社会福祉審議会社会福祉構造改革分科会から出された「社会福祉基礎構造改革について（中間まとめ）」において，「個人が人としての尊厳をもって，家庭や地域の中で，障害の有無や年齢にかかわらず，その人らしい安心のある生活が送れるよう自立を支援すること」にあるとした。この基本理念に沿って提言された社会福祉基礎構造改革の基本的な方向として，①サービスの利用者と提供者の対等な関係の確立，②個人の多様な需要への地域での総合的な支援，③幅広い需要に応える多様な主体の参入促進，④信頼と納得が得られるサービスの質と効率性の確保，⑤情報公開等による事業運営の透明性の確保，⑥増大する費用の公平かつ公正な負担，⑦住民の積極的な参加による福祉の文化の創造，が挙げられていた。

このうち，②個人の多様な需要への地域での総合的な支援については，多様な福祉需要を持つ利用者の地域での生活を支えるために，利用者の自立を基本とした支援内容の総合的なマネジメントと，福祉，医療などの専門職の相互連携を求めており，また，⑦住民の積極的な参加による福祉の文化の創造については，福祉サービスの範囲を公的なサービスだけでなく，ボランティアなどの活動や関連領域も含めて幅広いものであるとして，地域福祉の充実のための地域住民の積極的な参加を求めていた。

加えて，③幅広い需要に応える多様な主体の参入促進については，社会福祉基礎構造改革に伴う一連の法改正により，従来は行政や社会福祉法人によって提供されていた福祉サービスのうち，訪問・通所系の福祉サービスに株式会社，NPO 法人，生活協同組合などの参入が認められることとなった。

（2）社会福祉法制の改正

上記の社会福祉基礎構造改革の一環として，2000 年に社会福祉事業法から改称された社会福祉法において，地域住民が社会福祉を目的とする事業を経営する者などとともに，地域福祉を推進する努力義務が初めて定められた（現在の社会福祉法 4 条 2 項）。

高齢者については，2005 年の介護保険法改正で介護予防事業や地域包括支援センターの設置などを定めた地域支援事業が新設され，「地域包括ケア」を重要な方向性として推進した。また，2013 年の「持続可能な社会保障制度の確立を図るための改革の推進に関する法律（社会保障制度改革プログラム法）」では，「地域包括ケアシステム」を「地域の実情に応じて，高齢者が，可能な限り，住み慣れた地域でその有する能力に応じ自立した日常生活を営むことができるよう，医療，介護，介護予防（…），住まい及び自立した日常生活の支援が包括的に確保される体制」（社会保障制度改革プログラム法 4 条 4 項）と定義し，その構築を目指すとした。これを受けて，2015 年の介護保険法改正により，「介護予防・日常生活支援総合事業」（介護保険法 115 条の 45 第 1 項）が地域支援事業のひとつとして，2017 年度より開始された。

2013 年に制定された生活困窮者自立支援法においては，支援の対象となる生活困窮者を「就労の状況，心身の状況，地域社会との関係性その他の事情により，現に経済的に困窮し，最低限度の生活を維持することができなくなるおそれのある者」（生活困窮者自立支援法 3 条 1 項）と定義し，対象者を幅広く捉えるとともに，基本理念として，「生活困窮者に対する自立の支援は，地域における福祉，就労，教育，住宅その他の生活困窮者に対する支援に関する業務を行う関係機関（…）及び民間団体との緊密な連携その他必要な支援体制の整備に配慮して行われなければならない」（生活困窮者自立支援法 2 条 2 項）との規定が置かれたことにより，「地域づくり」の視点が条文化されたとする[注1)]。

生活困窮者自立支援法の中心は，生活困窮者自立支援事業（生活困窮者自立支援法 3 条 2 項）であり，これは，①就労の支援その他の自立に関する問題につき，生活困窮者及び生活困窮者の家族その他の関係者からの相談に応じ，必要な情報の提供及び助言をし，並びに関係機関との連絡調整を行う事業，②生活困窮者に対し，就労訓練事業の利用についてのあっせんを行う事業，③生活困窮者に対し，生活困窮者に対する支援の種類及び内容等を記載した計画の作成その他の生活困窮者の自立の促進を図るための支援が包括的かつ計画的に行われるための援助を行う事業である。

（3）地域共生社会

2016 年 6 月に閣議決定された「ニッポン一億総活躍プラン」においては，全ての人々が地域，暮らし，生きがいを共に創り，高め合うことができる「地域共生社会」を実現し，このために地域のあらゆる住民が役割を持ち，支え合いながら，自分らしく活躍できる地域コミュニティの育成と，福祉などの地域の公的サービスと協働して助け合いながら暮らすことのできる仕組みを構築するとされた。これを受けて，同年 12 月，厚生労働省の「地域における住民主体の課題解決力強化・相談支援体制の在り方に関する検討会（地域力強化検討会）」の中間まとめで，①地域住民に他人事を我が事に変える働きかけや複合課題を受け止める場の整理，②市町村の包括的な相談支援体制の整備，③地域福祉計画の充実，④地方自治体組織の在り方などについてまとめた。

こうした検討の方向を踏まえて，2017年の「地域包括ケアシステムの強化のための介護保険法の一部を改正する法律」によって，社会福祉法4条が改正され，追加した同条2項（現在は3項）に新たな概念として「地域生活課題」を定義し，地域住民等がその把握と関係機関との連携で解決するよう特に留意する旨が加えられ，同時に，市町村の包括的な相談支援体制の整備，地域福祉の対象や考え方の進展の反映，地域福祉計画等の策定の努力義務化などが行われた。

厚生労働省は，上記改正法の附則が公布後3年を目途として，包括的な支援体制を全国的に整備するための方策について検討を加え，その結果に基づいて所要の措置を講ずることとしていたので，これに対応した検討を行うため，「地域共生社会に向けた包括的支援と多様な参加・協働の推進に関する検討会」を設置し，2019年12月に最終とりまとめを発表した。その中で，地域共生社会の理念は，「制度・分野の枠や，『支える側』『支えられる側』という従来の関係を超えて，人と人，人と社会がつながり，一人ひとりが生きがいや役割をもち，助け合いながら暮らしていくことのできる，包摂的なコミュニティ，地域や社会を創るという考え方」であるとした。そして，専門職による対人支援は，給付を中心とした「具体的な課題解決を目指すアプローチ」と相談支援を中心とした「つながり続けることを目指すアプローチ（伴走型支援）」を支援の両輪として組み合わせることを必要とすること，伴走型支援については，専門職による支援のほかに，地域住民同士の支え合いや緩やかな見守りも重視する必要があるとした。この考え方に基づいて，具体的な政策を進めるために，地域の様々な民間団体や住民が一人ひとりの多様な社会参加を実現する資源を提供するための環境整備や，地域やコミュニティにおける多様なつながりが生まれやすくするための環境整備が必要であるとした。また，市町村における地域住民の複合化・複雑化した支援ニーズに対応する包括的な支援体制の構築を推進するためには，①断らない相談支援，②参加支援，③地域づくりに向けた支援の3つを内容とする，新たな事業の創設を行うべきであるとした。

これを受けて，2020年6月に制定された，「地域共生社会の実現のための社会福祉法等の一部を改正する法律」によって，地域共生社会は「地域住民が相互に人格と個性を尊重し合いながら，参加し，共生する地域社会」(社会福祉法4条1項) と定義されたほか，市町村の包括的な支援体制の構築の支援 (重層的支援体制整備事業 (社会福祉法106条の4) の創設)，社会福祉連携推進法人制度 (社会福祉法125条以下) 等の創設等の規定を整備した。

3. 地域共生社会の法的課題

(1) 地域の範囲

社会福祉法制上において，社会の構成単位としての地域は，一般に都道府県・市町村などの行政区画上の単位と認識されることが多いが，地域包括ケアシステムの地域の範囲は，おおむね30分以内にサービス提供できる日常生活圏域として中学校区とされている。逆に，都道府県が設置する福祉事務所の管轄範囲は，複数の町村にまたがることも珍しくない。その意味で，地域は，ある政策やサービスを効果的に実施するうえではどの単位で実施するのが適当であるかという範囲選択ないしは効果・効率性を考えての選択の範囲に過ぎないように思われる。また，地域は，企業，サービス事業者，NPO法人，ボランティアなど，多様な主体から構成され，「多様性を備えた人的ネットワークの源泉」注2)として捉えられる。人々が地域生活を送るうえで地域における多様な主体による支援は不可欠であるが，地域の中の主体で当該地域の責任を負う主体はない。なお，地域の構成主体に市町村などの行政を含めれば，当該地域の責任主体は行政ということになるが，これについては後述する。

（2）地域住民の参加

従来より，福祉サービスの給付は，行政が支給決定を行い，法定の要件を満たした福祉施設・事業所において，国家資格を有する福祉の専門職から提供されるものが中心であった。社会福祉に関わってきた地域住民としては，民生委員・児童委員のほか，おもに社会福祉協議会が中心となって育成や活動を行ってきたボランティアが挙げられるが，社会福祉法制における地域住民は，あくまで行政や福祉専門職に対して協力あるいは補助する役割を担うに過ぎなかった。しかし，上記 2. で述べたとおり，地域住民が単なる福祉サービスの受給者から，地域生活を住民同士で互いに支えあう役割を担う「地域共生社会」の構築を目指す政策がすすめられている。これについては，介護保険法の地域支援事業としての「介護予防・日常生活支援総合事業」の開始と引き換えに，要支援者に対する訪問・通所介護が介護保険の保険給付から除外されたことに見られるように，膨大な財政赤字を背景とした社会保障費用抑制策としての側面も否定できない。

地域共生社会において，地域住民は，おもに支援が必要な者に対する生活援助や見守り，あるいは支援が必要な者からの相談に応じ，必要に応じて助言をする役割を担うことになる。例えば，地域共生社会の先駆的な制度である「介護予防・日常生活支援総合事業」で提供されるサービスのうち，「訪問型サービス B」の内容は，住民主体の自主活動として行う生活援助等であり，「通所型サービス B」の内容は，体操，運動等の活動など，自主的な通いの場である。これらサービスは，いずれもボランティア主体で提供される。サービスの基準は個人情報の保護等の最低限の基準があるだけで，あとは住民の自治に任されている。費用について，公費の補助はあるが，利用者負担額はサービス提供主体または市町村が設定し，食事代などは利用者負担である。

住民のこのような活動により，限りある福祉専門職などの資源を支援が必要な者に重点的に投入することができ，また，同じ地域住民同士の相談・助言をお互いに行うことで，地域内での孤立を防ぎ，福祉ニーズの発見やニーズのある者を専門職による支援に結び付けやすくなるなどの効果が期待できる。

他方，このような活動は，住民の自主的な活動によるところが大きいことから，活動を継続的に行うためには，ボランティアを統括する組織と担い手の確保が必要である。従来からある町内会や自治会などの，地縁に基づいて組織される自治組織は，都市部においては，進学や転勤などを理由に転居してきた，地縁のない住民が増加することによるコミュニティの希薄化を原因とする加入率の減少や活動の停滞，地方においては，人口減少と高齢化による担い手不足を原因とする活動自体の困難といった問題を抱えている。地域共生社会を実現するためには，従来型の自治組織とは異なる，新たなコミュニティを住民がどのような形で組織するかが課題となろう[注3)]。

(3) 行政の役割と責任

社会福祉基礎構造改革を踏まえた行政の役割については，すでに第3章で述べたが，近年の社会福祉法制における行政の重要な役割として，多職種連携の組織の構築が挙げられる。例えば，生活困窮者自立支援法の支援会議（生活困窮者自立支援法 9 条），介護保険法の地域支援事業における地域ケア会議（介護保険法115条の48），児童福祉法の要保護児童対策地域協議会（児童福祉法25条の2）などがある。また，社会福祉法においても，市町村は，重層的支援体制整備事業の多機関協働事業における重層的支援会議や支援会議（社会福祉法106条の6）を組織することができる[注4)]。これらはいずれも支援を必要とする者に関する情報の交換や提供や適切な支援を図るための適切な検討などを行っている。これら組織において，行政は，地域の構成主体の一員として中心的な役割を担っている。

地域共生社会の構築のために創設された重層的支援体制整備事業は，現在のところ，市町村の任意事業であり，地域の住民に対して，どのような支援をどの程度行うか，というところについては不透明な部分も少なくない。とりわけ財政上の支援と担い手確保に対する支援が不透明であれば，住民相互の助け合い組織の構築は容易とはならない。特に人口減少と高齢化が進行している地方において，深刻な事態となることが予測される。

社会福祉法の改正により，地域住民等が地域生活課題の把握と関係機関との連携で解決するよう特に留意する旨の規定が加えられたことで，地域住民は単なるサービスの受け手から，地域共生社会を構築する責任主体としても位置づけられた。しかし，これによって行政の役割や責任が軽減されるわけではない。行政は，地域社会の構成主体という側面もある一方で，憲法25条2項の社会保障・社会福祉の向上増進に努める義務を具体的に果たすものとして，各種福祉サービスの支給の要否や支給量を決定する権限を有することから，住民の生活を保障する責任も必然的に導かれる。地域住民が地域共生社会を構築する責任主体となったことで，今後，地域の人口減少にともなう財源不足や人材不足を理由にした，行政サービスの見直しや縮小も想定されるなかで，行政が何ら効果的な支援をすることなく地域生活の保障の責任を地域住民に丸投げすると，住民相互の助け合い組織は構築されないままで，たとえ構築されても継続的な活動は困難であろう。最悪の場合，上記 1.（1）で述べたような，孤立した家族と近隣住民に生活支援を依存する，「先祖返り」のような事態が起こらないとも限らない。その意味で，行政は地域生活を支えるための責任を決して放棄してはならない。

4. まとめ

地域共生社会は，地域住民が単なる福祉サービスの受給者から，住民同士のつながりや助け合いで互いに支えあう役割を担うことで，地域生活を支える仕組みであるといえる。昨今の財政事情の下で，効果的・効率的な福祉サービスの提供や，社会における孤立を防ぐために，地域住民による見守りや相談・助言の重要性は今後も高まっていくと思われる。さらに，地域生活を支えるために必要なものは福祉サービスにとどまらず，医療・年金・生活保護といった他の社会保障制度のほか，雇用・教育・住宅・交通など，社会保障以外の制度にも及ぶ。また，これら諸制度を利用して，地域生活を送るためには，成年後見制度などの，本人の意思決定を支援する制度の活用も重要である。

地域住民のつながりの在り方については，今後は人口減少に伴う人材不足が予想されることから，従来の地縁に基づくコミュニティに代わる，地域の実情に応じた新たなコミュニティの構築が求められる。加えて，SNS でつながるコミュニティの活用や，オンラインによる見守りや相談・助言など，IT を活用した地域生活の支援体制も整備する必要があろう。

〉〉注記

注１）菊池馨実『社会保障再考―〈地域〉で支える』岩波新書　2019 年 106 頁。

注２）菊池馨実「社会保障法と持続可能性―社会保障制度と社会保障法理論の新局面」社会保障法研究 8 号 127 頁。

注３）新たな地域コミュニティ構築の実践例については，菊池・前掲註 1）152 頁以下及び厚生労働省「地域共生社会のポータルサイト」内の「取組事例」を参照。

注４）重層的支援会議と支援会議の相違について，前者は関係機関間の連携やプランの適切さ，支援の終結，資源の把握や創出等について検討するための会議，後者は潜在的な相談者に支援を届けられるよう，本人の同意がない場合にも情報共有に基づく支援の検討等が可能であると説明されている。厚生労働省 HP「重層的支援体制整備事業について」。

参考文献

・河野正輝『社会福祉の権利構造』有斐閣　1991 年

・菊池馨実『社会保障法（第 3 版）』有斐閣　2022 年

・社会福祉法令研究会編『新版　社会福祉法の解説』中央法規出版　2022 年

・石橋敏郎・木場千春「『我が事・丸ごと』地域共生社会の構想とその問題点」アドミニストレーション 26 巻 2 号 9-30 頁

・米澤旦「社会福祉基礎構造改革以降の『福祉多元化』の再検討―経営主体の法人形態に着目して」大原社会問題研究所雑誌 767-768 号 21-38 頁

1. 社会福祉法制における「地域」の果たす役割の歴史的変遷について，まとめてみよう。
2. 地域生活を支えるための住民のコミュニティについて，どのようなつながりに基づくものが望ましいか，考えてみよう。

索引

●配列は50音順

●あ　行

アドボカシー（権利擁護）　75
安全配慮義務　80
意見表明権　34
意思能力　74
一次判定（介護保険）　174
一時保護　115
入口支援　214
医療介護総合確保推進法　188
医療過誤　82
運営適正化委員会　230
エンゼルプラン　17
応諾義務　129

●か　行

介護給付（介護サービス）　174
介護事故　78
介護者　180
介護認定審査会　174
介護納付金　179
介護の社会化　170
介護報酬　177
介護保険　18, 43
介護保険制度　167
介護リスクの一般化　169
介護リスクマネジメント　78
過失　80
家庭裁判所　118
家庭的保育事業　131
規制緩和　130
虐待の定義　111
旧生活保護法　12
共助の拡大　82
行政計画　46
行政訴訟　224
居住支援協議会　200
居住支援法人　201
居宅介護サービス　175
居宅介護支援事業所　175
苦情解決制度　229
区分支給限度基準額　177
グループホーム　176
ケアプラン　175
ケア・リーバー　117
契約自由の原則　73
権利能力　74
行為能力　74
公営住宅　198
高額介護サービス費　177
後見　193
後見登記等に関する法律　194
工作物責任　81
更生緊急保護　212
更生保護制度　211
幸福追求権　27
合理的配慮　29, 146, 161, 164
高齢者，障害者等の移動等の円滑化の促進に関する法律（バリアフリー法）　144
高齢者虐待防止法　20
高齢者住まい法　201
高齢者の居住の安定確保に関する法律　201
高齢者保健福祉推進10カ年戦略　17
ゴールドプラン　17
国家賠償　227
子ども・子育て支援法　126
こども基本法　20, 123
子どもの権利に関する条約　34, 107, 124
子どもの最善の利益　124

子どものための教育・保育給付　44, 127

●さ　行

サービス利用計画　175
在宅援助　115
債務不履行　79, 234
里親委託　116
差別禁止　29
事業所内保育事業　131
死後事務　196
資産調査　96
施設型給付費　127
施設サービス　175
施設サービス計画　175
施設入所　116
自治事務　16
市町村子ども・子育て支援事業計画　131
児童虐待防止法　20, 108
児童福祉司指導措置　115, 118
児童福祉法　12, 123, 127, 130
社会的障壁　146
社会的保護　21
社会福祉基礎構造改革　19, 73, 242
社会福祉事業法　12, 19
社会福祉法　76
重層的支援体制　185
重層的支援体制整備事業　190
住宅確保要配慮者　197
住宅確保要配慮者に対する賃貸住宅の供給の促進に関する法律　198
住宅セーフティネット法　198
就労移行支援　162
就労継続支援　161
就労定着支援　162
障害者基本法　141
障害者虐待防止法　20
障害者雇用促進法　158, 159, 160
障害者雇用納付金　160
障害者差別解消法　20, 145, 146
障害者支援費制度　19
障害者就業・生活支援センター　159
障害者自立支援制度　19
障害者総合支援法　20, 143, 145, 161
障害者の権利に関する条約（障害者権利条約）　35, 67, 139, 156
障害者プラン　17
障害の社会モデル　140
小規模多機能型居宅介護（小規模多機能ホーム）　176
小規模特別養護老人ホーム　176
小規模保育事業　131
使用者責任　80
消費者契約法　75
職業リハビリテーション　158
処分取消訴訟　225
自立支援給付　43, 59
事理弁識能力　193
親権　105
親権喪失　106
親権停止　106, 116
新子育て安心プラン　130
審査請求　223
身上配慮義務　194
身体障害者福祉法　12, 143
生活困窮者自立支援法　99, 101
生活保護法　12
精神薄弱者福祉法　14
精神保健福祉法　143
生存権　10, 24
成年後見制度　20, 75, 191
成年後見制度の利用の促進に関する法律（成年後見制度利用促進法）　196

成年後見制度利用促進計画　196
成年後見人　194
成年被後見人　194
選択・参加の権利　30
総額報酬（介護保険）　179
相対的貧困率　91
措置制度　18, 41, 73

●た　行

第 1 号被保険者（介護保険）　172
第 2 号被保険者（介護保険）　172
立入調査　114
地域型保育給付　127, 131
地域共生社会　33, 185, 190, 245
地域支援事業　175
地域生活支援　187
地域生活定着支援センター　215
地域生活定着促進事業　214
地域福祉権利擁護事業　20
地域包括ケアシステム　182, 185
地域密着型サービス　175
知的障害者福祉法　143
地方分権改革　16
注意義務違反　79
懲戒権　106
DV 防止法　20
定期巡回・随時対応型訪問介護看護　176
出口支援　213
特定疾病（介護保険）　173

●な　行

二次判定（介護保険）　174
28 号措置　116
乳児家庭全戸訪問事業　112
入所措置　116
任意後見監督人　193
任意後見受任者　193
任意後見制度　193
人間の尊厳　28
認知症対応型共同生活介護　176

●は　行

発達障害者支援法　143
非該当（介護保険）　174
被虐待児童の発見・通告　113
被保佐人　194
被補助人　194
福祉計画　46
福祉サービス利用契約　71
福祉三法　12
福祉八法改正　16
福祉六法体制　14
不法行為　234
不法行為責任　80
保育実施義務　135
保育所最低基準　134
保育所設置基準　130
保育所待機児童問題　125
法定後見制度　193
法定受託事務　16
法定代理受領　128
法の下の平等　26
保護観察　212
保護者指導　118
保佐　193
保佐人　194
補助　193
補助人　194
捕捉率　91
ボランティア　83

●ま　行

民事訴訟　234
無過失責任　81
面前 DV　111
申立権者（法定後見）　194

●や　行

要介護者　174
要介護度　174
要介護・要支援認定　173
要支援者　174
要保護児童対策地域協議会　109, 113
予防給付（介護予防サービス）　174

●ら　行

利用調整　129
臨検・捜査　114
老人医療制度　170
老人福祉制度　170
老人福祉法　14, 170
老人保健法　170

分担執筆者紹介

（執筆の章順）

廣田　久美子（ひろた・くみこ）

・執筆章→4・6・9・10

宮崎大学教育学部人文社会課程法律政治専攻卒業
九州大学大学院法学府博士後期課程単位取得退学
現在　福岡県立大学人間社会学部准教授
専攻　社会保障法・労働法
主な著書　新たな時代の社会保障法（分担執筆　法律文化社）
よくわかる公的扶助論（分担執筆　法律文化社）
社会福祉と法（分担執筆　放送大学教育振興会）
社会法の基本理念と法政策―社会保障法・労働法の現代的展開（分担執筆　法律文化社）

脇野　幸太郎（わきの・こうたろう）

・執筆章→5・11・12

明治大学法学部法律学科卒業
明治大学大学院法学研究科博士後期課程単位取得退学
現在　長崎国際大学人間社会学部教授
専攻　社会保障法
主な著書　トピック社会保障法（分担執筆　不磨書房）
新・はじめての社会保障〔第３版〕（分担執筆　法律文化社）
家族のための総合政策（分担執筆　信山社）
福祉契約と利用者の権利擁護（分担執筆　日本加除出版）
よくわかる公的扶助論（共編者　法律文化社）
最新　社会福祉士養成講座・精神保健福祉士養成講座７「社会保障」（分担執筆　中央法規）

編著者紹介

平部　康子（ひらべ・やすこ）

・執筆章→1・7・8

九州大学法学部卒業
九州大学大学院法学研究科博士後期課程単位取得退学
現在　佐賀大学経済学部教授
専攻　社会保障法
主な著書　新たな時代の社会保障法（共編者　法律文化社）
社会福祉法入門（分担執筆　有斐閣）
地域生活を支える社会福祉（分担執筆　法律文化社）
やさしい社会福祉法制（分担執筆　嵯峨野書院）
わかりやすい社会保障論（分担執筆　法律文化社）

木村　茂喜（きむら・しげき）

・執筆章→2・3・13・14・15

西南学院大学法学部法律学科卒業
九州大学大学院法学研究科博士後期課程単位取得退学
現在　西南女学院大学保健福祉学部教授
専攻　社会保障法
主な著書　社会法の基本理念と法政策（分担執筆　法律文化社）
新わかる・みえる社会保障論（分担執筆　みらい）
法学概論―身近な暮らしと法―（分担執筆　嵯峨野書院）
よくわかる公的扶助論（分担執筆　法律文化社）
新たな時代の社会保障法（分担執筆　法律文化社）

放送大学教材　1910060-1-2411（ラジオ）

地域生活を支える社会福祉と法

発　行　　2024年3月20日　第1刷
編著者　　平部康子・木村茂喜
発行所　　一般財団法人　放送大学教育振興会
　　　　　〒105-0001　東京都港区虎ノ門1-14-1　郵政福祉琴平ビル
　　　　　電話　03（3502）2750

市販用は放送大学教材と同じ内容です。定価はカバーに表示してあります。
落丁本・乱丁本はお取り替えいたします。

Printed in Japan　ISBN978-4-595-32469-7　C1336